Seneca für Gestreßte

ausgewählt und eingeleitet von Gerhard Fink

Artemis & Winkler

CAROLO BAVARO
IM MEMORIAM
CURSUS XX ANNORUM

Zweite Auflage 1994

Artemis & Winkler Verlag
© 1993 Artemis Verlags-AG, Zürich
Printed in Germany

ISBN 3 7608 1083 7

Gib acht!

Voll im Streß – Impressionen
aus dem alten Rom

«Raus aus dem Bett! Du sollst heute früh eine Bürgschaft leisten! Also mach schnell, damit dir kein anderer zuvorkommt!»

Ob der Nordsturm übers Land fegt, ob's tiefer Winter und noch stockfinster ist – ich muß fort.

Und hab' ich dann, bestimmt zu meinem Schaden, mein Sprüchlein aufgesagt, dann kämpfe ich mich wieder durch die Menge und schubse die Langweiler beiseite.

«Was hast du, verrückter Kerl?» so raunzt mich einer an unter wütenden Flüchen. «Du kommst wohl nicht schnell genug zu deinem Freund Maecenas und möchtest am liebsten alles umrennen, was dir im Weg ist?»

Aber bin ich dann endlich bei IHM, draußen auf dem Esquilin, dann geht's erst recht rund, denn an die hundert Leute setzen mir mit ihren Sorgen zu:

«Morgen, um sieben Uhr früh, braucht Roscius deinen Beistand vor Gericht!»

«In der Angestelltengewerkschaft haben sie Riesenprobleme. Du sollst unbedingt heute noch bei ihnen vorbeischauen! Vergiß es ja nicht!»

«Da, auf dieses Gesuch, soll Maecenas sein Siegel drücken.
Sorg' bitte dafür!»
«Mal sehen, was sich machen läßt!»
«Mit etwas gutem Willen schaffst du's schon.»

Der total gestreßte Römer, den wir eben zu Wort kommen ließen, hieß Quintus Horatius Flaccus und war Dichter von Beruf. In Rom aber, so beklagte er sich, kam er vor lauter Verpflichtungen nicht zum Verseschmieden. Und außerdem: Wie soll ein Mensch auch nur einen einzigen klaren Gedanken fassen bei diesem entsetzlichen Lärm, dieser Hektik, dem wüsten Verkehr!

Da rückt ein Bautrupp an, dort hebt ein Kran gewaltige Blöcke und Balken, schwere Lastwagen rollen daher...

Wer gerne nachlesen möchte, was zur rush-hour in Rom alles los war, wie schwer man dort Schlaf fand und welche Gefahren täglich und nächtlich drohten, der sei auf Horazens *Sermo* II 6, seine Epistel II 2 und vor allem auf Juvenals dritte Satire verwiesen; uns genügen die zitierten Passagen zum Nachweis, daß nicht erst das zwanzigste Jahrhundert den Streß entdeckt hat.

Horaz kannte auch schon ein Mittel dagegen: Er zog sich aufs Land zurück, in sein Bergnest, wie er sagt, und tankte Erholung. Juvenals Freund Umbricius gar hatte von jenem Hexenkessel Rom die Nase so voll, daß er mit Sack und Pack auswanderte. So entkam er den Mietwucherern und den berufsmäßigen Killern, den Einbrechern und Schlägertypen, den Dauerrednern und den vielen Fremden, die sich zu seinem Ärger in der Hauptstadt der Welt breitmachten.

Was aber hätte man tun sollen, wenn einem die Flucht aus der Metropole verwehrt war? Und was würden die antiken Geistesgrößen wohl Leuten von heute raten, die in der Regel kein Gut in den Bergen und keine großzügigen Mäzene haben, Leuten, die als Beamte oder Freiberufler, als Handwerker oder Geschäftsleute nicht einfach den ganzen Krempel hinwerfen und sich absetzen können?

Schlag nach bei Seneca!

Den guten Rat, den solche Leute brauchen, kann man reichlich in den Schriften des Staatsmanns und Philosophen Seneca finden, der jahrelang als Erzieher und engster Vertrauter Kaiser Neros zu den einflußreichsten Männern in Rom gehörte und sich trotzdem von der Fülle seiner Verpflichtungen nicht erdrücken ließ – sonst hätte er ja nicht mehr die Zeit gefunden, so viele kluge Gedanken niederzuschreiben.

In seinen Essays, aus denen wir besonders mitteilenswerte Stellen ausgewählt haben, hält er seinen Zeitgenossen – und nicht nur ihnen – einen Spiegel vor; er geht mit ihrer sinnlosen Geschäftigkeit ins Gericht, mit ihrer Abhängigkeit vom Geld und von den verschiedensten Statussymbolen, ihrem Neid, ihrem Ehrgeiz und ihren schalen Vergnügungen. Aber er ist nicht eigentlich Gesellschaftskritiker, nein, er versteht sich in erster Linie als Wegweiser zu einer vernünftigen Lebensführung; die Titel seiner Schriften verraten es: Das glückliche Leben – Der Zorn – Zurückgezogenheit – Die Kürze des Lebens – Seelenruhe...

Eine jede von diesen Abhandlungen enthält so viele feinsinnige und bedenkenswerte Überlegungen, so viele zeitlose Einblicke in die Psyche des manchmal doch recht törichten Wesens *homo sapiens*, daß man sie ohne weiteres im ganzen lesen könnte.

Aber wie soll jemand, der total gestreßt ist, die Zeit und Muße finden, um sich mit dem doch ziemlich umfangreichen Werk unseres Philosophen in rechter Weise auseinanderzusetzen? Vielleicht versucht er's, gerät aber zufällig an eine etwas schwierigere Stelle, an einen komplexen Beweisgang, an Bilder und Vergleiche, die ihm fern liegen, und legt enttäuscht das kaum angelesene Buch wieder zur Seite.

Diesem Büchlein wird es hoffentlich nicht so ergehen, denn es enthält überschaubare, in sich geschlossene Abschnitte aus Senecas Essays, die rasch gelesen sind und reichlich Anlaß zum Nachdenken geben, Texte, die jeden von uns angehen und gewiß manchem zu helfen vermögen.

Wir würden das nicht so zuversichtlich zu behaupten wagen, hätten nicht schon seit Jahrhunderten immer wieder bedeutende Persönlichkeiten an sich selbst die heilsame Wirkung der Beschäftigung mit Seneca beobachten können: Dinge, die sie früher in Rage brachten, regten sie schließlich kaum mehr auf, Gemeinheiten entlockten ihnen nur noch ein Lächeln, und selbst dem Tod begegneten sie mit der Gelassenheit, die ihr großes Vorbild in seiner letzten Stunde zeigte, damals, als Senecas einstiger Schüler Nero sich seines alten Lehrers entledigen zu müssen glaubte.

Auch der Herausgeber dieser Auswahl glaubt «seinem» Seneca viel zu verdanken – Ruhe, Ausgeglichenheit und innere Heiterkeit. Darum möchte er die Medizin, die ihm selber gut tat,

denjenigen zukommen lassen, die dergleichen brauchen, und empfiehlt allen, die aufgeregt, umgetrieben, frustriert, verbittert, überfordert und abgehetzt sind:

Beruhigen Sie sich – mit einer kleinen Dosis Seneca!

Crede mihi, levia sunt, propter quae non leviter excandescimus, qualia, quae pueros in rixam et iurgium concitant. Nihil ex is, quae tam tristes agimus, serium est, nihil magnum.

Tu occupatus es, vita festinat; mors interim aderit, cui velis, nolis vacandum est.

Mirari soleo, cum video aliquos tempus petentes et eos, qui rogantur, facillimos; illud uterque spectat, propter quod tempus petitum est, ipsum quidem neuter: quasi nihil petitur, quasi nihil datur. Re omnium pretiosissima luditur; fallit autem illos, quia res incorporalis est, quia sub oculos non venit ideoque vilissima aestimatur, immo paene nullum eius pretium est.

Nimm's nicht zu ernst!

Glaube mir, unerheblich ist, weswegen wir uns so heftig erhitzen, gleich dem, was Kinder zum Raufen und Streiten treibt: Nichts von dem, was wir so bitter ernst nehmen, ist schwerwiegend, nichts bedeutend! *(Der Zorn III 34)*

Memento Mori!

Du bist beschäftigt; das Leben entflieht, der Tod ist schon zur Stelle, für den du, ob du nun willst oder nicht, dir Zeit nehmen mußt. *(Die Kürze des Lebens 8)*

Vom Wert der Zeit

Ich wundere mich regelmäßig, wenn ich irgendwelche Leute sehe, die um ein Zeitopfer bitten, und wenn die darum Gebetenen es willig bringen. Darauf achten beide, warum man es will, auf die Zeit selbst aber keiner, gleich als würde nichts erbeten, als würde nichts gegeben. Mit dem Allerkostbarsten geht man leichtfertig um und merkt es nicht einmal, weil es nichts Gegenständliches ist, weil es nicht ins Auge fällt und deshalb als ganz wohlfeil gilt, ja fast wertlos ist.

Annua, congiaria homines carissime accipiunt et illis aut laborem aut operam aut diligentiam suam locant: nemo aestimat tempus; utuntur illo laxius quasi gratuito. At eosdem aegros vide, si mortis periculum propius admotum est, medicorum genua tangentes, si metuunt capitale supplicium, omnia sua, ut vivant, paratos impendere! Tanta in illis discordia affectuum est!

Quodsi posset, quemadmodum praeteritorum annorum cuiusque numerus proponi, sic futurorum, quomodo illi, qui paucos viderent superesse, trepidarent, quomodo illis parcerent! Atqui facile est quamvis exiguum dispensare, quod certum est; id debet servari diligentius, quod nescias, quando deficiat.

Denique inter omnes convenit nullam rem bene exerceri posse ab homine occupato, non eloquentiam, non liberales disciplinas, quando districtus animus nihil altius recipit, sed omnia velut inculcata respuit. Nihil minus est hominis occupati quam vivere: nullius rei difficilior scientia est.

Regelmäßige Einkünfte und außerordentliche Spenden beziehen die Leute sehr gern und verwenden darauf Mühe, Anstrengung und Sorgfalt. Doch niemand weiß die Zeit zu schätzen; sie gehen mit ihr ziemlich großzügig um, gleich als gäbe es sie umsonst. Aber sieh dir dieselben Leute nur an, wenn sie krank sind, wenn ihr Zustand bedrohlich und der Tod ganz nahe ist, wie sie da die Kniee der Ärzte umklammern, wenn es sie vor dem letzten Gang graut, und sie all ihre Habe, nur um am Leben zu bleiben, zu opfern bereit sind! Derart widersprüchlich ist ihre Gemütsverfassung!

Könnte man aber so, wie sich bei einem jeden die Zahl der vergangenen Lebensjahre angeben läßt, auch die der noch vergönnten nennen, wie würden dann diejenigen, die nur wenige übrig sähen, in Panik geraten, wie würden sie sparsam mit ihnen umgehen! Allerdings ist es leicht, mit noch so geringen Mengen hauszuhalten, wenn man sich ihrer sicher sein darf. Das muß noch peinlicher bewahrt werden, von dem man nicht weiß, wann es zu Ende geht. *(Die Kürze des Lebens 8)*

Leben will gelernt sein

Alle Welt ist sich darin einig, daß ein Mensch nichts vernünftig ausüben kann, wenn er gestreßt ist, nicht die Kunst der Rede und nicht die anerkannten Fachwissenschaften, da er bei seiner Zerfahrenheit nichts tiefer in sich aufnehmen kann, sondern alles, als hätte man es ihm eingetrichtert, wieder von sich gibt. Nichts versteht ein gestreßter Mensch weniger als zu leben, nichts ist schwerer zu erlernen.

Professores aliarum artium vulgo multique sunt, quasdam vero ex his pueri admodum ita percepisse visi sunt, ut etiam praecipere possent: vivere tota vita discendum est et, quod magis fortasse miraberis, tota vita discendum est mori.

Tot maximi viri relictis omnibus impedimentis, cum divitiis, officiis, voluptatibus renuntiassent, hoc unum in extremam usque aetatem egerunt, ut vivere scirent; plures tamen ex his nondum se scire confessi vita abierunt, nedum ut isti sciant.

Magni, mihi crede, et supra humanos errores eminentis viri est nihil ex suo tempore delibari sinere, et ideo eius vita longissima est, quia, quantumcumque patuit, totum ipsi vacavit. Nihil inde incultum otiosumque iacuit, nihil sub alio fuit, neque enim quicquam repperit dignum, quod cum tempore suo permutaret custos eius parcissimus. Itaque satis illi fuit: iis vero necesse est defuisse, ex quorum vita multum populus tulit.

Lehrer für andere Wissensgebiete gibt es allenthalben in großer Zahl, und manche von ihren Lehren scheinen tatsächlich bereits Kinder so in sich aufgenommen zu haben, daß sie sie weitergeben könnten. Leben muß man das ganze Leben lang lernen, und, worüber du vielleicht noch mehr staunst, das ganze Leben lang muß man lernen zu sterben.

So viele große Männer haben alles, was sie abhielt, hinter sich gelassen, indem sie dem Reichtum, den Verpflichtungen, den Vergnügungen entsagten und sich bis ans Ende ihres Lebens darum bemühten, mit Verstand zu leben. In ihrer Mehrheit aber schieden sie mit dem Geständnis aus dem Leben, sie könnten es noch nicht. Wie sollten sich dann Durchschnittsmenschen darauf verstehen!

Von Größe, das glaube mir, und einem über menschliche Irrtümer erhabenen Sinn zeugt es, wenn ein Mensch sich nichts von seiner Zeit wegnehmen läßt; deshalb ist sein Leben auch sehr lang, weil es in seiner ganzen Ausdehnung ihm selbst zur Verfügung stand. Nichts davon wurde vernachlässigt oder blieb unbeachtet, nichts unterlag fremder Bestimmung; er fand nämlich nichts so Wertvolles, daß er es gegen seine Zeit eingetauscht hätte, über die er höchst sorgsam wachte. So hat sie ihm auch gereicht. Denen aber muß sie zwangsläufig fehlen, aus deren Leben alle Welt viel fortgenommen hat. *(Die Kürze des Lebens 7)*

Potestne quicquam stultius esse quam quorundam sensus, hominum eorum dico, qui prudentiam iactant? Operosius occupati sunt. Ut melius possint vivere, impendio vitae vitam instruunt. Cogitationes suas in longum ordinant; maxima porro vitae iactura dilatio est: illa primum quemque extrahit diem, illa eripit praesentia, dum ulteriora promittit.

Maximum vivendi impedimentum est exspectatio, quae pendet ex crastino, perdit hodiernum. Quod in manu fortunae positum est, disponis, quod in tua, dimittis. Quo spectas? Quo te extendis? Omnia, quae ventura sunt, in incerto iacent: protinus vive!

In tria tempora vita dividur: quod fuit, quod est, quod futurum est. Ex his, quod agimus, breve est, quod acturi sumus, dubium, quod egimus, certum. Hoc est enim, in quod fortuna ius perdidit, quod in nullius arbitrium reduci potest.

Hoc amittunt occupati; nec enim illis vacat praeterita respicere, et si vacet, iniucunda est paenitendae rei recordatio.

Lebe sogleich!

Kann denn etwas törichter sein als die Einstellung bestimmter Menschen? Ich spreche von denen, die sich mit ihrer Klugheit brüsten. Die sind nur noch hingebungsvoller beschäftigt. Um besser leben zu können, richten sie ihr Leben auf Kosten ihres Lebens ein. Sie denken und planen auf lange Sicht; doch man verliert am meisten von seinem Leben durch Aufschub. Der nimmt einen Tag nach dem andern weg, der raubt uns die Gegenwart, indem er uns Hoffnung auf Künftiges macht.

Das größte Lebenshemmnis ist das Warten, das sich ans Morgen klammert und das Heute verliert. Was in der Hand des Schicksals liegt, das verplanst du, was du selbst in der Hand hast, das läßt du fahren! Worauf starrst du? Wonach reckst du dich? Alles, was kommen soll, liegt im Ungewissen. Los, lebe sogleich! *(Die Kürze des Lebens 9)*

Dreifach ist der Schritt der Zeit...

In drei Zeitspannen zerfällt das Leben, in Vergangenheit, Gegenwart und Zukunft. Davon ist die Zeit, die wir gerade durchleben, vergänglich, die, die wir noch zu leben haben, ungewiß und nur die, die wir durchlebt haben, uns sicher. Sie ist es nämlich, über die das Schicksal seine Macht verloren hat, die nie wieder in jemands Ermessen gestellt werden kann.

Die verlieren gestreßte Menschen, denn sie haben nicht die Zeit, auf Vergangenes zurückzublicken, und sollten sie sie

Inviti itaque ad tempora male exacta animum revocant nec audent ea retemptare, quorum vitia, etiam quae aliquo praesentis
voluptatis lenocinio surripiebantur, rectractando patescunt.
Nemo, nisi quoi omnia acta sunt sub censura sua, quae numquam fallitur, libenter se in praeteritum retorquet; ille, qui multa
ambitiose concupiit, superbe contempsit, impotenter vicit, insi-
diose decepit, avare rapuit, prodige effudit, necesse est memoriam suam timeat.

Atqui haec es pars temporis nostri sacra ac dedicata,
omnis humanos casus supergressa, extra regnum fortunae
subducta, quam non inopia, non metus, non morborum incursus
exagitet; haec nec turbari nec eripi potest; perpetua eius et intre-
pida possessio est. Singuli tantum dies, et hi per momenta, prae-
sentes sunt; at praeteriti temporis omnes, cum iusseritis, ad-
erunt, ad arbitrium tuum inspici se ac detineri patientur, quod
facere occupatis non vacat.

Securae et quietae mentis est in omnes vitae suae partes
discurrere; occupatorum animi, velut sub iugo sint, flectere se ac
respicere non possunt. Abit igitur vita eorum in profundum; et ut
nihil prodest, licet quantumlibet ingeras, si non subest, quod excipiat ac servet, sic nihil refert, quantum temporis detur, si non
est, ubi subsidat: per quassos foratosque animos transmittitur.

haben, dann ist ihnen die Erinnerung an das unangenehm, was sie bereuen müßten. Nur ungern denken sie also an schlecht verlebte Zeiten zurück und haben nicht den Mut, sich noch einmal mit dem zu befassen, dessen Mängel – und zwar auch die, die irgendein verführerischer Reiz im Augenblick des Genusses unbemerkt bleiben ließ – bei erneuter Betrachtung ans Licht kommen. Nur wer all sein Tun mit der kritischen Selbstkontrolle verfolgt hat, die sich nie täuschen läßt, wendet sich gern wieder Vergangenem zu. Der aber, der vieles ehrgeizig erstrebt, stolz verachtet, leidenschaftlich durchgesetzt, listig erschlichen, gierig an sich gerissen, leichtfertig verschleudert hat, muß zwangsläufig sein eigenes Gedächtnis fürchten.

Und doch hat dieser Teil unserer Lebenszeit eine heilige Weihe, ist erhaben über alles, was Menschen widerfahren kann und der Macht des Schicksals entzogen, da ihn nicht Not, nicht Angst, nicht der Ansturm der Krankheiten berührt. Er kann nicht verwirrt und nicht entrissen werden. Er ist unser bleibender Besitz, um den wir nicht bangen müssen. Gegenwärtig ist jeweils ein Tag, und der nur von Augenblick zu Augenblick; doch die Tage der Vergangenheit werden sich, wenn du es verlangst, allesamt einstellen und von dir nach Belieben betrachten und festhalten lassen. Dazu haben Beschäftigte freilich keine Zeit.

Es zeugt von einem sorgenfreien, ruhevollen Geist, wenn er all seine Lebensabschnitte durchwandert. Vielbeschäftigte Gemüter können sich, als wären sie ins Joch gespannt, nicht umwenden und zurückblicken. So sinkt denn ihr Leben ins Bodenlose, und so, wie es nichts hilft, wenn du auch noch so viel nachschüttest, falls drunten nichts ist, was es halten und bewahren

Maior pars mortalium, Pauline, de naturae malignitate conqueritur, quod in exiguum aevi gignimur, quod haec tam velociter, tam rapide dati nobis temporis spatia decurrant, adeo ut exceptis admodum paucis ceteros in ipso vitae apparatu vita destituat.

Non exiguum temporis habemus, sed multum perdidimus. Satis longa vita et in maximarum rerum consummationem large data est, si tota bene collocaretur; sed ubi per luxum ac neglegentiam diffluit, ubi nulli bonae rei impenditur, ultima demum necessitate cogente, quam ire non intelleximus, transisse sentimus.

Ita est: non accipimus brevem vitam, sed fecimus, nec inopes eius, sed prodigi sumus. Sicut amplae et regiae opes, ubi ad malum dominum pervenerunt, momento dissipantur, at quamvis modicae, si bono custodi traditae sunt, usu crescunt: ita aetas nostra bene disponenti multum patet.

könnte, so spielt es keine Rolle, wieviel Zeit man erhält, wenn es nichts gibt, wo sie bleiben könnte. Durch ein zerrüttetes, durchlöchertes Gemüt rinnt sie hindurch. *(Die Kürze des Lebens 10)*

Wieviel Zeit haben wir?

Zum größeren Teil, mein Paulinus, beklagen sich die Menschen heftig über die Mißgunst der Natur, weil wir nur für ein kurzes Leben geboren werden und weil so rasch, so ungestüm die uns gewährte Zeitspanne entflieht, dergestalt, daß mit Ausnahme von ganz wenigen für alle anderen inmitten der Vorbereitung auf das Leben das Leben endet.

Wir haben aber nicht wenig Zeit, wir haben viel vergeudet. Hinreichend lang ist das Leben und großzügig bemessen, um Gewaltiges zu vollbringen, würde man es im Ganzen nur richtig investieren. Doch wenn es uns in Genuß und Nichtstun verrinnt, wenn wir es keinem guten Zweck widmen, dann wird uns erst in unserer letzten Not bewußt, daß, was von uns unbemerkt verging, vorbei ist!

So ist's: Wir erhalten kein kurzes Leben, sondern haben es dazu gemacht, und es mangelt uns nicht an Zeit, sondern wir verschwenden sie. So wie gewaltige, königliche Schätze, sobald sie in die Hände eines schlechten Herrn kommen, im Augenblick verschleudert werden, während auch ein noch so bescheidenes Vermögen, falls man es einem guten Verwalter anvertraute, arbeitet und wächst, so steht auch dem, der sie gut einzuteilen weiß, viel Lebenszeit zu Gebote.

Quid de rerum natura querimur? Illa se benigne gessit: vita, si uti scias, longa est. Alium insatiabilis tenet avaritia; alium in supervacuis laboribus operosa sedulitas; alius vino madet, alius inertia torpet; alium defetigat ex alienis iudiciis suspensa semper ambitio, alium mercandi praeceps cupiditas circa omnis terras, omnia maria spe lucri ducit; quosdam torquet cupido militiae numquam non aut alienis periculis intentos aut suis anxios; sunt, quos ingratus superiorum cultus voluntaria servitute consumat; multos aut affectatio alienae formae aut suae cura detinuit.

Plerosque nihil certum sequentis vaga et inconstans et sibi displicens levitas per nova consilia iactavit; quibusdam nihil, quo cursum derigant, placet, sed marcentis oscitantisque fata deprendunt, adeo ut, quod apud maximum poetarum more oraculi dictum est, verum esse non dubitem:

Exigua pars est vitae, qua vivimus.

Ceterum quidem omne spatium non vita, sed tempus est. Urgent et circumstant vitia undique nec resurgere aut in dispectum veri attollere oculos sinunt. Et immersos et in cupiditatem infixos premunt, numquam illis recurrere ad se licet. Si quando aliqua fortuito quies contigit, velut profundo mari, in quo post ventum quoque volutatio est, fluctuantur nec umquam illis a cupiditatibus suis otium stat.

Was klagen wir über die Natur? Sie hat sich freigebig gezeigt: Das Leben ist, wenn man es zu nutzen versteht, lang. Doch unersättlich hat den einen die Habsucht im Griff, den andern bei überflüssiger Anstrengung rastlose Geschäftigkeit, der eine ist voll von Wein, der andere döst stumpfsinnig vor sich hin, den treibt sein ewig nach dem Urteil anderer schielender Ehrgeiz bis zur Erschöpfung, jenen führt der verderbliche Drang, Handel zu treiben, durch alle Länder, alle Meere – immer in der Hoffnung auf Gewinn. Manchen läßt ihre Leidenschaft für den Krieg keine Ruhe, und stets sind sie entweder auf die Bedrohung anderer aus oder angesichts eigener in Sorge. Es gibt auch Leute, die undankbare Kriecherei bei Höhergestellten sich in selbstgewählter Sklaverei aufreiben läßt. Schon viele schlug die Begeisterung für fremde Schönheit oder die Sorge um die eigene in ihren Bann.

Die meisten aber, die kein bestimmtes Ziel verfolgen, hat ihre flatterhafte und prinzipienlose und sich selbst verhaßte Oberflächlichkeit schon von einem Vorhaben zum anderen getrieben. Manche können sich nicht entscheiden, worauf sie Kurs halten sollen, und so ereilt sie im trägen Dahindämmern der Tod, dergestalt, daß ich, was ein großer Dichter gleich einem Orakel verkündet hat, ohne Zweifel für wahr halte:

Ein kleiner Teil des Lebens ist's, in dem wir leben.

Die restliche ganze Lebenszeit ist nicht Leben, sondern nur Zeit. Es bedrängen und umringen Laster von allen Seiten die Menschen und erlauben es ihnen nicht, sich aufzurichten und den Blick zu erheben, um die Wahrheit ganz zu erfassen. Sie halten sie nieder und ketten sie an ihre Leidenschaften, und nie erlauben sie ihnen, zu sich selbst zurückzufinden. Wenn sich aber irgendwann zufällig etwas Ruhe einstellt, dann werden sie wie

De istis me putas dicere, quorum in confesso mala sunt?
Aspice illos, ad quorum felicitatem concurritur: bonis suis effo-
cantur. Quam multis divitiae graves sunt! Quam multorum elo-
quentia et cotidiana ostentandi ingenii sollicitatio sanguinem
educit! Quam multi contiuis voluptatibus pallent! Quam multis
nihil liberi relinquit circumfusus clientium populus!

Omnis denique istos ab infimis usque ad summos pererra:
hic advocat, hic adest, ille periclitatur, ille defendit, ille iudicat,
nemo se sibi vindicat, alius in alium consumitur. Interroga de
istis, quorum nomina ediscuntur; his illos dinosci videbis notis:
ille illius cultor est, hic illius; suus nemo est.

Omnia licet, quae umquam ingenia fulserunt, in hoc
unum consentiant, numquam satis hanc humanarum mentium
caliginem mirabuntur: praedia sua occupari a nullo patiuntur et,
si exigua contentio est de modo finium, ad lapides et arma discur-
runt; in vitam suam incedere alios sinunt, immo vero ipsi etiam

auf hoher See, wo auch nach dem Sturm der Wellengang noch anhält, umhergetrieben, und nie lassen sie die Begierden in Frieden.

Von denen, meinst du, rede ich, deren schlimme Lage außer Zweifel steht? Schau die an, um deren Glück man sich drängt! Sie ersticken an ihren Schätzen! Wie vielen ist ihr Reichtum eine Last! Wie vielen kosten ihre Redekunst und der krankhafte Drang, sich täglich als Talent zu produzieren, den letzten Blutstropfen! Wie viele sind blaß von dauernden Ausschweifungen! Wie viele haben keine freie Minute mehr, weil sie Klienten in Scharen umringen!

Ja, nimm sie dir nur alle vor, von den geringsten bis zu den prominentesten! Der sucht Rechtsbeistand, der gewährt ihn, der hat einen Prozeß am Hals, der ist sein Verteidiger, jener der Richter, keiner macht sich frei für sich selbst, der eine reibt sich auf für den anderen. Erkundige dich nach denen, deren Namen man sich merken muß: Du wirst sehen, sie lassen sich folgendermaßen herauskennen: Der kümmert sich rührend um diesen, der um jenen, aber keiner um sich selbst. *(Die Kürze des Lebens 1 f.)*

Lebenszeit zu verschenken!

Mögen sich alle großen Geister, die je ihr Licht leuchten ließen, in diesem Punkte einig sein – sie werden sich nie genug über eine derartige Verblendung der Menschen wundern können: Ihren Grundbesitz lassen sie sich von niemandem wegnehmen; wenn es einen geringfügigen Streit über die Art der Grenz-

possessores eius futuros inducunt; nemo invenitur, qui pecuniam suam dividere velit, vitam unusquisque quam multis distribuit!

Adstricti sunt in continendo patrimonio, simul ad iacturam temporis ventum est, profusissimi in eo, cuius unius honesta avaritia est.

Quid ergo est in causa? Tamquam semper victuri vivitis, numquam vobis fragilitas vestra succurrit, non observatis, quantum iam temporis transierit; velut ex pleno et abundanti perditis, cum interim fortasse ille ipse, qui alicui vel homini vel rei donatur dies, ultimus sit. Omnia tamquam mortales timetis, omnia tamquam immortales concupiscitis.

Libet itaque ex seniorum turba comprendere aliquem: «Pervenisse te ad ultimum aetatis humanae videmus, centesimus tibi vel supra premitur annus: agedum, ad computationem aetatem tuam revoca! Duc, quantum ex isto tempore creditor, quantum amica, quantum rex, quantum cliens abstulerit, quantum lis uxoria, quantum servorum coercitio, quantum officiosa per urbem discursatio; adice morbos, quos manu fecimus, adice, quod et sine usu iacuit: videbis te pauciores annos habere quam numeras.

ziehung gibt, stürzen sie auseinander nach Steinen und Waffen. In ihr Leben aber lassen sie andere sich einmischen, ja, sie holen sich selbst die Leute, die künftig darüber verfügen sollen. Niemand findet sich, der sein Geld verteilen möchte – doch sein Leben, an wie viele verteilt das ein jeder!

Sie nehmen es genau damit, ihr Vermögen zusammenzuhalten; sobald es dahin kommt, Zeitopfer zu bringen, verschleudern sie mit vollen Händen das einzige Gut, mit dem zu geizen Ehre bringt.

Wie sieht die Sache also aus? Als solltet ihr ewig leben, so lebt ihr dahin; nie wird euch eure Vergänglichkeit bewußt, ihr achtet nicht darauf, wieviel Zeit schon vergangen ist, wie aus dem Vollen, aus dem Überfluß verschwendet ihr sie, während vielleicht gerade der Tag, den ihr an einen Menschen oder eine Sache verschenkt, euer letzter ist. Vor allem habt ihr Angst gleich Sterblichen, nach allem verlangt ihr wie Unsterbliche.

So will ich mir denn aus der großen Zahl der Betagteren einen herausgreifen: «Daß du bis an die äußerste Grenze eines Menschenlebens gelangt bist, sehen wir; du gehst auf die hundert zu – oder darüber. Nun denn, laß zur Schlußabrechnung dein Leben an dir vorüberziehen! Schätze, wieviel von deiner Zeit dich ein Gläubiger, wieviel eine Geliebte, wieviel ein Mächtiger, wieviel ein Klient gekostet hat, wieviel der Streit mit deiner Frau, wieviel die Zurechtweisung der Sklaven, wieviel diensteifriges Herumlaufen in der Stadt! Rechne die Krankheiten dazu, die wir uns selbst aufgeladen haben, rechne dazu auch, was ungenützt brach lag! Du wirst sehen, daß du weniger Lebensjahre vorzuweisen hast als du zählst.

Repete memoria tecum, quando certus consilii fueris, quotus quisque dies, ut destinaveras, recesserit, quando tibi usus tui fuerit, quando in statu suo vultus, quando animus intrepidus, quid tibi in tam longo aevo facti operis sit, quam multi vitam tuam diripuerint te non sentiente, quid perderes, quantum vanus dolor, stulta laetitia, avida cupiditas, blanda conservatio abstulerit, quam exiguum tibi de tuo relictum sit: intelleges te immaturum mori.»

Audies plerosque dicentes: «A quinquagesimo anno in otium secedam, sexagesimus me annus ab officiis dimittet.» Et quem tandem longioris vitae praedem accipis? Quis ista, sicut disponis, ire patietur?

Non pudet te reliquias vitae tibi reservare et id solum tempus bonae menti destinare, quod in nullam rem conferri possit? Quam serum est tunc vivere incipere, cum desinendum est! Quae tam stulta mortalitatis oblivio in quinquagesimum et sexagesimum annum differre sana consilia et inde velle vitam inchoare, quo pauci perduxerunt!

Überdenke, wann du ein klares Ziel vor Augen hattest, wie wenige Tage so vergingen, wie du es dir vorgenommen hattest, wann du dich mit dir selbst beschäftigt hast, wann deine Miene ausgeglichen, dein Herz unerschüttert war, was du in einem so langen Dasein ausgerichtet hast, wie viele sich Stücke aus deinem Leben gerissen haben, ohne daß du den Verlust bemerktest, wieviel grundloser Ärger, törichte Freude, heißes Verlangen und nette Gesellschaft dir weggenommen haben und wie wenig dir von dem Deinen geblieben ist – du wirst merken, daß du zu früh stirbst. *(Die Kürze des Lebens 3)*

Mit Fünfzig fängt das Leben an?

Man hört viele sagen: «Mit dem fünfzigsten Jahr will ich mich ins Privatleben zurückziehen, das sechzigste wird mich aus allen Bindungen entlassen.» Und wen nimmst du dir zum Bürgen für ein längeres Leben? Wer wird's erlauben, daß das so, wie du es dir zurechtlegst, vonstatten geht?

Schämst du dich nicht, nur einen Lebensrest für dich zu reservieren und lediglich die Zeit für deine innere Vervollkommnung vorzusehen, die man für nichts sonst gebrauchen kann? Es ist doch zu spät, dann mit dem Leben anzufangen, wenn es aufzuhören gilt! Wie kann man so töricht seine Sterblichkeit vergessen, daß man bis ins fünfzigste oder sechzigste Lebensjahr vernünftige Vorhaben aufschiebt und an einem Punkt sein Leben beginnen will, den nur wenige erlebt haben! *(Die Kürze des Lebens 3)*

Danda est animis remissio: meliores acrioresque requieti surgent. Ut fertilibus agris non est imperandum (cito enim illos exhauriet nunquam intermissa fecunditas), ita animorum impetus assiduus labor franget; vires recipient paulum resoluti et remissi. Nascitur ex assiduitate laborum animorum hebetatio quaedam et languor.

Nec ad hoc tanta hominum cupiditas tenderet, nisi naturalem quandam voluptatem haberet lusus iocusque. Quorum frequens usus omne animis pondus omnemque vim eripiet: nam et somnus refectioni necessarius est, hunc tamen si per diem noctemque continues, mors erit. Multum interest, remittas aliquid an solvas.

Indulgendum est animo dandumque subinde otium, quod alimenti ac virium loco sit. Et in ambulationibus apertis vagandum, ut caelo libero et multo spiritu augeat attollatque se animus; aliquando vectatio iterque et mutata regio vigorem dabunt convictusque et liberalior potio.

Entspannung braucht der Mensch

Man sollte sich Entspannung gönnen; leistungsfähiger und lebhafter werden wir uns nach einer Ruhepause erheben. Wie man fruchtbare Felder nicht überfordern darf – rasch nämlich erschöpft sie eine ununterbrochene Fruchtfolge –, so schwächt die geistigen Energien ständige Anstrengung. Sie erstarken wieder nach ein wenig Erholung und Lockerung. Die Folge unablässiger Arbeit ist eine gewisse Abstumpfung und Erschöpfung.

Auch wären die Menschen nicht so leidenschaftlich darauf erpicht, wenn nicht ein geradezu natürliches Vergnügen mit Spiel und Scherz verbunden wäre. Überläßt man sich dem aber ständig, nimmt es einem alle Würde, alles Gewicht. Auch der Schlaf ist ja zur Erholung nötig, doch schläft man Tag und Nacht ununterbrochen, ist's der Tod. Es besteht nämlich ein großer Unterschied, ob man etwas lockert oder löst.

(Die Seelenruhe 17)

Sei etwas nett zu dir!

Man sollte nachsichtig mit sich selbst sein und sich häufig Muße gönnen, die wie ein Stärkungsmittel wirkt. Auch weite Spaziergänge im offenen Gelände sollte man unternehmen, damit sich unter freiem Himmel und bei kräftigem Durchatmen der Geist erholen kann. Bisweilen werden ein Ausflug, eine Reise und eine Ortsveränderung neue Frische schenken, ein Gelage und ein kräftigerer Schluck.

Nonnumquam et usque ad ebrietatem veniendum, non ut mergat nos, sed ut deprimat: eluit enim curas et ab imo animum movet et, ut morbis quibusdam, ita tristitiae medetur, Liberque non ob licentiam linguae dictus est inventor vini, sed quia liberat servitio curarum animum et asserit vegetatque et audaciorem in omnes conatus facit.

Sed nec saepe faciendum est, ne animus malam consuetudinem ducat, et aliquando tamen in exsultationem libertatemque extrahendus tristisque sobrietas removenda paulisper.

Hin und wieder mag es bis zum Rausch kommen, aber nicht so, daß wir in ihm versinken, sondern daß wir in ihn eintauchen. Er spült ja unsere Sorgen fort und begeistert das Herz von Grund auf, und wie gegen bestimmte Krankheiten, so hilft er auch bei Traurigkeit. *Liber*, «Freier», wurde der Entdecker des Weins nicht deshalb genannt, weil er die Zunge löst, sondern weil er das Herz aus der Knechtschaft der Sorgen befreit und entläßt und belebt und verwegener macht zu jedem Beginnen.

Doch wie bei der Freiheit, so ist auch beim Wein Mäßigung segensreich, damit man keine schlechte Gewohnheit annimmt; mitunter allerdings sollte man sich zu schrankenloser Ausgelassenheit hinreißen lassen und die freudlose Nüchternheit für ein Weilchen verbannen. *(Die Seelenruhe 17)*

Meliores erimus singuli.

Tunc potest obtineri, quod semel placuit, ubi nemo intervenit, qui iudicium adhuc imbecillum populo adiutore detor-
queat; tunc potest vita aequali et uno tenore procedere, quam
propositis diversissimis scindimus.

Nam inter cetera mala illud pessimum est, quod vitia ipsa
mutamus. Sic ne hoc quidem nobis contingit, permanere in malo
iam familiari: aliud ex alio placet vexatque nos hoc quoque, quod
iudicia nostra non tantum prava, sed etiam levia sunt. Fluctua-
mur aliudque ex alio comprehendimus; petita relinquimus, re-
licta repetimus: alternae inter cupiditatem nostram et paenitentiam vices sunt.

Pendemus enim toti ex alienis iudiciis, et id optimum nobis videtur, quod petitores laudatoresque multos habet, non id,
quod laudandum petendumque est, nec viam bonam ac malam
per se aestimamus, sed turba vestigiorum, in quibus nulla sunt
redeuntium.

Nur wenn wir allein sind, werden wir bessere Menschen

Nur dann nämlich können wir an dem festhalten, was wir einmal als richtig erkannt haben, wenn niemand daherkommt, der unser noch ungefestigtes Urteil, gestützt auf die üblichen Auffassungen, ins Wanken bringt. Nur dann kann unser Leben ununterbrochen den gleichen Gang gehen, das wir sonst durch die widersprüchlichsten Zielsetzungen zerschleißen.

Denn unter unseren sonstigen üblen Eigenschaften ist jene die schlimmste, daß wir selbst in unseren Fehlern inkonsequent sind. So gelingt es uns nicht einmal, eine an uns schon vertraute Schwäche beizubehalten. Bald dies, bald jenes sagt uns zu, und auch das macht uns Beschwerden, daß unsere Urteile nicht nur verkehrt sind, sondern daß obendrein kein Verlaß auf sie ist. Wir treiben dahin und greifen jetzt hiernach, dann danach, lassen von dem, wonach wir strebten, und streben nach dem, wovon wir ließen: So schwanken wir zwischen Verlangen und Ablehnung hin und her – wir sind ja völlig von fremden Urteilen abhängig –, und das scheint uns besonders gut, was viele begehren und loben, nicht jedoch das, was tatsächlich lobens- und begehrenswert ist; ein Weg gilt uns nicht an sich als gut oder schlecht, sondern wir halten uns an die Zahl der Fußspuren – und keine ist darunter von einem, der wiederkam.

(Die Zurückgezogenheit 1)

Vivere omnes beate volunt, sed ad pervidendum, quid sit, quod beatam vitam efficiat, caligant; adeoque non est facile consequi beatam vitam, ut eo quisque ab ea longius recedat, quo ad illam concitatius fertur, si via lapsus est; quae ubi in contrarium ducit, ipsa velocitas maioris intervalli causa fit.

Proponendum est itaque primum, quid sit, quod appetamus; tunc circumspiciendum, qua contendere illo celerrime possimus intellecturi in ipso itinere, si modo rectum erit, quantum cotidie profligetur quantoque propius ab eo simus, ad quod nos cupiditas naturalis impellit. Quamdiu quidem passim vagamur non ducem secuti, sed fremitum et clamorem dissonum in diversa vocantium, conteretur vita inter errores brevis, etiam si dies noctesque bonae menti laboremus.

Decernatur itaque, et quo tendamus et qua, non sine perito aliquo, cui explorata sint ea, in quae procedimus, quoniam quidem non eadem hic, quae in ceteris peregrinationibus, condicio est: in illis comprensus aliquis limes et interrogati incolae non patiuntur errare, at hic tritissima quaeque via et celeberrima maxime decipit.

Wir gehen alle in die Irre wie Schafe...

Leben wollen alle im Glück, doch um zu erkennen, was das Leben glücklich macht, dafür sind sie blind. Und es ist derart schwierig, ein glückliches Leben zu erlangen, daß jedermann sich von diesem Ziel desto weiter entfernt, je leidenschaftlicher er es verfolgt – wenn er den falschen Weg eingeschlagen hat. Sobald ihn dieser in die entgegengesetzte Richtung führt, ist gerade seine Hast die Ursache dafür, daß der Abstand immer größer wird.

Daher müssen wir uns zunächst darüber klar werden, was überhaupt unser Ziel ist, und uns dann Gedanken machen, wie wir am raschesten dorthin gelangen können. Sind wir erst einmal auf dem rechten Weg, werden wir merken, wieviel davon täglich zu schaffen ist und um wieviel wir dem nähergekommen sind, dem uns ein natürliches Verlangen entgegentreibt. Solange wir aber in alle Richtungen schweifen und keinem Führer folgen, sondern dem Geflüster und verworrenen Geschrei von Leuten, die uns da- und dorthin rufen, verrinnt unser Leben, kurz wie es ist, auf Irrwegen, selbst wenn wir uns Tag und Nacht um die rechte innere Einstellung bemühen.

Demnach muß eine Entscheidung darüber fallen, wohin wir eilen und auf welchem Weg, und zwar nicht ohne irgendeinen Ortskundigen, der das, was wir vor uns haben, gründlich erforscht hat. Die Dinge liegen hier ja nicht so wie bei sonstigen Reisen: auf ihnen lassen uns der eingeschlagene Pfad und die Einheimischen, die wir fragen, nicht fehlgehen; hier aber führt uns gerade ein ausgetretener, vielbegangener Weg am ehesten in die Irre.

Nihil ergo magis praestandum est quam, ne pecorum ritu sequamur antecendentium gregem pergentes non, quo eundum est, sed, quo itur. Atqui nulla res nos maioribus malis implicat quam, quod ad rumorem componimur optima rati ea, quae magno assensu recepta sunt, quodque exempla nobis multa sunt nec ad rationem, sed ad similitudinem vivimus.

Inde ista tanta coacervatio aliorum super alios ruentium. Quod in strage hominum magna evenit, cum ipse se populus premit (nemo ita cadit, ut non et alium in se attrahat, primique exitio sequentibus sunt), hoc in omni vita accidere videas licet: nemo sibi tantummodo errat, sed alieni erroris et causa et auctor est; nocet enim applicari antecedentibus et, dum unusquisque mavult credere quam iudicare, numquam de vita iudicatur, semper creditur, versatque nos et praecipitat traditus per manus error.

Alienis perimus exemplis; sanabimur, si separemur modo a coetu. Nunc vero stat contra rationem defensor mali sui populus. Itaque id evenit, quod in comitiis, in quibus eos factos esse praetores idem, qui fecere, mirantur, cum se mobilis favor circumegit: eadem probamus, eadem reprehendimus; hic exitus est omnis iudicii, in quo secundum plures datur.

Vor nichts sollten wir uns folglich mehr in acht nehmen als davor, wie Schafe der Herde zu folgen, die vor uns dahinzieht, und nicht die Richtung einzuschlagen, in die man gehen müßte, sondern die, in die man geht. Nichts läßt uns ja in größeres Unheil geraten, als daß wir uns nach dem Gerede der Leute richten und für das beste halten, was mit lauter Zustimmung aufgenommen wird, daß wir viele Vorbilder haben und nicht nach der Vernunft, sondern in der Bereitschaft leben, uns anzupassen.

Daher stürzen wir auch zuhauf ins Verderben, einer über den anderen. Was bei einem großen Menschenauflauf geschieht, wo die Leute sich gegenseitig voranstoßen – keiner stürzt, ohne zugleich einen anderen mit sich zu reißen, und die Vordersten bringen die Nachdrängenden zu Fall –, das kann man im Leben allenthalben beobachten: Niemands Fehltritt schadet nur ihm allein, sondern verursacht und bewirkt fremde Verfehlung.

In der Tat ist es schädlich, sich eng an die zu halten, die vorangehen, und solange es ein jeder vorzieht, zu glauben statt zu entscheiden, fällt nie eine Lebensentscheidung, man glaubt nur immer, und es treibt uns ins jähe Verderben der von Geschlecht zu Geschlecht sich forterbende Wahn.

Das Beispiel anderer ist unser Verhängnis; wir werden gerettet, wenn wir uns nur von der Masse absondern. Heutzutage stellt sich in der Tat der Vernunft als Verteidiger seiner Fehler der große Haufe entgegen. So geht es ebenso zu wie bei Wahlen, wo sich dieselben Leute darüber wundern, daß einer Minister wurde, die ihn gewählt haben, sobald die wetterwendische Volksgunst umgeschlagen ist. Einunddasselbe finden wir gut

Cum de beata vita agetur, non est, quod mihi illud disces-
sionum more respondeas: «Haec pars maior esse videtur»; ideo
enim peior est. Non tam bene cum rebus humanis agitur, ut me-
liora pluribus placeant: argumentum pessimi turba est.

Quaeramus ergo, quid optimum factu sit, non quid usi-
tatissimum, et quid nos in possessione felicitatis aeternae con-
stituat, non quid vulgo, veritatis pessimo interpreti, proba-
tum sit.

Nam si omnem conversationem tollimus et generi humano
renuntiamus vivimusque in nos tantum conversi, sequetur hanc
solitudinem omni studio carentem inopia rerum agendarum: in-
cipiemus aedificia alia ponere, alia subvertere et mare summovere et aquas contra difficultatem locorum educere et male dispensare tempus, quod nobis natura consumendum dedit. Alii
parce illo utimur, alii prodige; alii sic impendimus, ut possimus
rationem reddere, alii, ut nullas habeamus reliquias, qua re nihil
turpius est. Saepe grandis natu senex nullum aliud habet argumentum, quo se probet diu vixisse, praeter aetatem.

und finden wir schlecht – das ist das Resultat jeder Entscheidung, bei der man sich der Mehrheit fügt.

Wenn es um das Lebensglück geht, darfst du mir nicht, gleich wie beim Hammelsprung im Bundestag, entgegenhalten: «Das scheint mir die größere Hälfte zu sein.» Eben deshalb ist es nämlich die schlechtere. Nein, so gut ist's im Menschenleben nicht bestellt, daß das Bessere der Mehrheit zusagt. Als ganz schlecht erweist sich, worum man sich drängt.

Fragen wir uns also, was am besten zu tun sei, nicht, was allgemein üblich ist, und was uns zum Besitz beständigen Glücks verhilft, nicht, was dem Pöbel zusagt, der über das Rechte die abwegigsten Vorstellungen hat.

(Das glückliche Leben 1 f.)

Sich absetzen heißt nicht, sich absondern

Wenn wir nämlich alle Kontakte unterbrechen, uns der Menschheit versagen und ganz auf uns selbst beschränkt leben, führt eine derartige Isolation ohne höhere Interessen dazu, daß es uns an Betätigungsmöglichkeiten fehlt. Dann werden wir damit beginnen, Häuser bald zu errichten, bald einzureißen, das Meer einzudämmen und Wasserleitungen selbst durch schwierigstes Gelände zu führen und übel mit der Zeit zu wirtschaften, die uns die Natur gegeben hat, um sie auszufüllen. Teils gehen wir knausrig mit ihr um, teils verschwenderisch, teils verwenden wir sie so, daß wir darüber Rechenschaft geben können, teils so, daß keine Spur davon bleibt – und das ist das

Multum et in se recedendum est: conversatio enim dissimilium bene composita disturbat et renovat affectus et, quicquid imbecillum in animo nec percuratum est, exulcerat.

Miscenda tamen ista et alternanda sunt, solitudo et frequentia. Illa nobis faciet hominum desiderium, haec nostri, et erit altera alterius remedium: odium turbae sanabit solitudo, taedium solitudinis turba.

Nulli ad aliena respicienti sua placent: inde diis quoque irascimur, quod aliquis nos antecedat, obliti, quantum hominum retro sit et paucis invidentem quantum sequatur a tergo ingentis invidiae. Tanta tamen importunitas hominum est, ut, quamvis multum acceperint, iniuriae loco sit plus accipere potuisse.

Nostra nos sine comparatione delectent, numquam erit felix, quem torquebit felicior. Minus habeo, quam speravi: sed fortasse plus speravi, quam debui.

Allerschändlichste. Oft hat ein hochbetagter Greis kein anderes Beweismittel für sein langes Leben als sein Alter!

(Die Seelenruhe 4)

Häufig sollte man sich auch in sich selbst zurückziehen: Der Umgang mit nicht gleichgestimmten Menschen stört die Harmonie und weckt die Leidenschaften aufs neue, und alles, was im Herzen anfällig und noch nicht auskuriert ist, läßt er wieder schwären.

Doch muß man dabei auf die rechte Mischung und auf Abwechslung zwischen Einsamkeit und Trubel achten. Jene läßt uns Verlangen nach Menschen, dieser nach uns selbst verspüren, und eins hilft gegen das andere. *(Die Seelenruhe 17)*

Falsche Blickrichtung

Niemandem gefällt, wenn er nach Fremdem schielt, das Eigene. Darum sind wir sogar den Göttern böse, weil irgend jemand uns voraus ist, ohne zu bedenken, wieviele Leute uns nachstehen und wieviel ungeheuerlicher Neid sich einem, der nur wenige beneidet, an die Fersen heftet. Trotzdem sind die Menschen so unverfroren, selbst wenn sie noch soviel erhalten haben, es als Kränkung zu empfinden, daß sie mehr hätten bekommen können. *(Der Zorn III 31)*

Das Unsere sollte uns unverglichen freuen: Nie wird einer glücklich sein, den das größere Glück eines andren wurmt. Ich habe weniger als erhofft – doch vielleicht hoffte ich auf mehr als recht war. *(Der Zorn III 30)*

Age potius gratias pro his, quae accepisti; reliqua exspecta et nondum plenum esse te gaude: inter voluptates est superesse, quod speres. Omnes vicisti: primum esse te in animo amici tui laetare! Multi te vincunt: considera, quanto antecedas plures quam sequaris! Quod sit in te vitium maximum quaeris? Falsas rationes conficis: data magno aestimas, accepta parvo.

Beatus est iudicii rectus; beatus est praesentibus, qualiacumque sunt, contentus amicusque rebus suis; beatus est is, cui omnem habitum rerum suarum ratio commendat.

. . . qui sibi hoc proposuit: «Ego mortem eodem vultu, quo, cum audiam, videbo. Ego laboribus, quanticumque illi erunt, parebo animo fulciens corpus.

Sei nicht maßlos in deinen Wünschen!

Bedanke dich lieber für das, was du erhieltest; auf das andere warte und sei froh, daß du noch nicht alles bekommen hast. Es ist gleichfalls ein Grund zur Freude, daß es noch etwas gibt, worauf du hoffen kannst. Alle hast du hinter dir gelassen; daß du der erste im Herzen deines Freundes bist, darüber freue dich! Viele lassen dich hinter sich: Bedenke, wieviel mehr Menschen du überlegen bist als nachstehst! Was dein größter Fehler sei, willst du wissen? Deine Buchführung stimmt nicht: Gegebenes setzt du hoch an, Empfangenes niedrig! *(Der Zorn III 31)*

Wer ist glücklich?

Glücklich ist, wer recht zu entscheiden weiß; glücklich ist, wer mit seiner Lage, gleich wie sie sich darstellt, zufrieden und für seine Habe dankbar ist; glücklich ist der, dem alle Lebensumstände die Vernunft erträglich macht.

(Das glückliche Leben 6)

Auf dem rechten Weg ist...

... wer sich solche Ziele setzt: «Ich will dem Tod genauso ruhig, wie ich von ihm reden höre, auch ins Auge sehen! Ich will Beschwerden, mögen sie auch noch so groß sein, auf mich nehmen, und meinem Leib wird Geisteskraft als Stütze dienen!

Ego divitias et praesentis et absentis aeque contemnam nec, si aliubi iacebunt, tristior nec, si circa me fulgebunt, animosior. Ego fortunam nec venientem sentiam nec recedentem. Ego terras omnis tamquam meas videbo, meas tamquam omnium.

Ego sic vivam, quasi sciam aliis esse me natum, et naturae rerum hoc nomine gratias agam: quo enim melius genere negotium meum agere potuit? Unum me donavit omnibus, uni mihi omnis.

Quicquid habebo, nec sordide custodiam nec prodige spargam. Nihil magis possidere me credam quam bene donata. Non numero nec pondere beneficia nec ulla nisi accipientis aestimatione perpendam; numquam id mihi multum erit, quod dignus accipiet.

Nihil opinionis causa, omnia conscientiae faciam; populo spectante fieri credam, quicquid me conscio faciam.

Edendi mihi erit bibendique finis desideria naturae restinguere, non implere alvum et exinanire.

Ich will Reichtum, ob ich ihn besitze oder nicht, unterschiedslos verachten und werde weder, wenn er anderswo sich häuft, bedrückter, noch, wenn er rings um mich funkelt, stolzer sein! Ich werde auf das Glück nicht achten, wenn es kommt, und auch nicht, wenn es mich verläßt. Ich werde die ganze Welt als mein, und was davon mein ist, als aller Eigentum ansehen.

Ich will so leben, als wüßte ich, daß ich für andere geboren bin, und der Natur dafür dankbar sein. Auf welche Weise hätte sie auch meine Angelegenheiten besser regeln können? Mich einen hat sie allen geschenkt, mir einem alle.

All meine Habe will ich nicht in schmutziger Habsucht hüten noch mutwillig vergeuden.

Nichts werde ich eher als meinen Besitz ansehen als sinnvoll Verschenktes. Nicht nach der Zahl noch nach ihrem Umfang will ich meine guten Taten beurteilen; für mich zählt nur die Einschätzung des Empfängers. Niemals wird mir das als viel erscheinen, was ein Würdiger erhält.

Nichts will ich um meines Rufes willen tun, alles um den Preis eines guten Gewissens. Vor den Augen des Volks, so will ich glauben, geschehe alles, was ich tue, auch wenn nur ich davon weiß.

Beim Essen und Trinken wird es mein Ziel sein, das natürliche Bedürfnis zu stillen, nicht mir den Bauch vollzuschlagen und zu entleeren.

Ego amicis iucundus, inimicis mitis et facilis exorabor, antequam roger, et honestis precibus occurram.

Patriam meam esse mundum sciam et praesides deos; hos supra me circaque me stare factorum dictorumque censores. Quandoque aut natura spiritum repetet aut ratio dimittet, testatus exibo bonam me conscientiam amasse, bona studia, nullius per me libertatem deminutam, minime meam.»

Omnes in eadem causa sunt, et hi, qui levitate vexantur ac taedio assiduaque mutatione propositi, quibus semper magis placet, quod reliquerunt, et illi, qui marcent et oscitantur. Adice eos, qui non aliter, quam quibus difficilis somnus est, versant se et hoc atque illo modo componunt, donec quietem lassitudine inveniant: statum vitae suae reformando subinde in eo novissime manent, in quo illos non mutandi odium, sed senectus ad novandum pigra deprehendit. Adice et illos, qui non constantiae vitio parum leves sunt, sed inertiae, et vivunt, non quomodo volunt, sed quomodo coeperunt.

Ich will, bei Freunden beliebt und gegenüber Feinden milde und versöhnlich, mich erweichen lassen, ehe man mich bittet, und berechtigten Wünschen zuvorkommen.

Meine Heimat ist die Welt, das soll mir klar sein, und deren Beschützer die Götter; die stehen über mir und rings um mich, meine Taten und Worte zu richten. Und wenn entweder die Natur mein Leben von mir zurückfordert oder sich ein Grund ergibt, davon zu lassen, will ich mit dem Bekenntnis aus ihm scheiden, daß ich mein gutes Gewissen liebte, gute Bücher, und niemands Freiheit von mir beschnitten wurde, am wenigsten meine eigene. *(Das glückliche Leben 20)*

Keiner ist mit sich selbst zufrieden!

Alle sind in derselben Lage, sowohl die, die ihre Oberflächlichkeit umtreibt, so daß sie rasch Unlust empfinden und oft ihre Absicht ändern, und denen stets das mehr entspricht, was sie eben aufgegeben haben, als auch jene, die schlaff und teilnahmslos sind. Nimm noch die hinzu, die sich gleich Leuten, die nur schwer einschlafen können, herumwälzen und bald so, bald anders betten, bis sie Ruhe durch Ermüdung finden! Während sie ihre Lebensweise immer wieder ändern, bleiben sie schließlich der treu, bei der sie nicht etwa eine plötzliche Abneigung gegen Veränderungen überkam, sondern das Alter, das zu weiterem Wechsel keine Lust hat. Auch die darfst du dazu zählen, die keineswegs dank ihrer Charakterstärke nicht besonders flatterhaft sind, sondern aus Trägheit, und nicht so leben, wie sie möchten, sondern, wie sie es einmal angefangen haben.

Innumerabiles deinceps proprietates sunt, sed unus effectus vitii, sibi displicere. Hoc oritur ab intemperie animi et cupiditatibus timidis aut parum prosperis, ubi aut non audent, quantum concupiscunt, aut non consequuntur et in spem toti prominent. Semper instabiles mobilesque sunt, quod necesse est accidere pendentibus.

Ad vota sua omni via tendunt et inhonesta se ac difficilia docent coguntque et, ubi sine praemio labor est, torquet illos irritum dedecus, nec dolent prava, sed frustra voluisse. Tunc illos et paenitentia coepti tenet et incipiendi timor subrepitque illa animi iactatio non invenientis exitum, quia nec imperare cupiditatibus suis nec obsequi possunt, et cunctatio vitae parum se explicantis et inter destituta vota torpentis animi situs.

Quae omnia graviora sunt, ubi odio infelicitatis operosae ad otium perfugerunt ac secreta studia, quae pati non potest animus ad civilia erectus agendique cupidus et natura inquies, parum scilicet in se solaciorum habens. Ideo detractis oblectationibus, quas ipsae occupationes discurrentibus praebent, domum, solitudinem, parietes non fert; invitus aspicit se sibi relictum.

Zahllos sind die weiteren Erscheinungsformen des Leidens, doch das Ergebnis ist das gleiche: Unzufriedenheit mit sich selbst. Diese ist die Folge innerer Unbeständigkeit sowie verdrängter oder unerfüllter Wünsche, sooft jemand entweder nicht zu einem Wagnis bereit ist, das seinen Wünschen entspricht, oder diese verfehlt und nun ganz seinen Hoffnungen nachhängt. Solche Leute sind immer unausgeglichen und umtriebig, wie es bei ihrem Schwanken unvermeidlich ist.

Ihre Ziele suchen sie auf jede Weise zu erreichen, selbst zu Unanständigem und Gefährlichem halten sie sich an und überwinden sich, und wenn ihre Anstrengung unbelohnt bleibt, grämt sie die unnütze Schandtat. Allerdings tut ihnen nicht das Böse leid, sondern die vergebliche Bereitschaft dazu. Dann erfüllt sie wegen des Unternommenen Reue und Angst vor weiteren Unternehmungen, sie fühlen sich insgeheim hin- und hergerissen und sind in einer ausweglosen Lage, weil sie ihren Wünschen weder gebieten noch nachgeben können, bringen sich entschlußlos um ihr Lebensglück und lassen ihre Seele inmitten enttäuschter Hoffnungen verkümmern.

Das alles wird noch schlimmer, sobald sie sich, fruchtloser Plage müde, in die Muße flüchten und in einsame Studien, wozu ein Mensch nicht taugt, den es in die Politik drängt, der sich betätigen will und von Natur ruhelos ist, weil er zu wenig in sich trägt, was ihn trösten könnte. Fehlt ihm nun die Unterhaltung, die gerade ihre vielen Abhaltungen geschäftigen Menschen verschaffen, findet er sein Haus, das Alleinsein, die eigenen vier Wände unerträglich. Widerwillig sieht er, daß er sich selber überlassen ist.

Hinc illud est taedium et displicentia sui et nusquam residentis animi volutatio et otii sui tristis atque aegra patientia, utique ubi causas fateri pudet et tormenta introrsus egit verecundia, in angusto inclusae cupiditates sine exitu se ipsae strangulant; inde maeror marcorque et mille fluctus mentis incertae, quam spes inchoatae suspensam habent, deploratae tristem; inde ille affectus otium suum detestantium querentiumque nihil ipsos habere, quod agant, et alienis incrementis inimicissima invidia (alit enim livorem infelix inertia et omnes destrui cupiunt, quia se non potuere provehere); ex hac deinde aversatione alienorum processuum et suorum desperatione obirascens fortunae animus et de saeculo querens et in angulos se retrahens et poenae incubans suae, dum illum taedet sui pigetque.

Proprium aegri est nihil diu pati et mutationibus ut remediis uti.

Inde peregrinationes suscipiuntur vagae et litora pererrantur et modo mari se, modo terra experitur semper praesentibus infesta levitas: «Nunc Campaniam petamus.» «Iam delicata fastidio sunt.» «Inculta videantur, Bruttios et Lucaniae saltus

Daher kommt jene Unlust und Unzufriedenheit mit sich selbst und die Unbeständigkeit einer Seele, die nirgends Ruhe findet, und die mürrische und verdrießliche Hinnahme der Muße, die einem gewährt ist, – besonders, wenn man sich scheut, die Gründe zuzugeben, und aus Scham seine Qual in sich hineinfrißt: Dann sind die Triebwünsche in ein enges Gefängnis ohne Ausgang gesperrt und strangulieren sich gegenseitig. Daher kommen Trauer und Trägheit und tausend Erschütterungen eines verstörten Gemüts, das hochgestimmt ist, wenn es Hoffnung schöpft, und verbittert, wenn es davon lassen muß, daher auch die leidenschaftliche Erregung derer, die ihre Muße verwünschen und sich beklagen, daß sie nichts zu tun hätten, und bei Erfolgen anderer der bitterböse Neid – denn die Mißgunst wächst durch Rückschläge und Untätigkeit, und derartige Menschen möchten alle zugrunde richten, weil sie sich selbst nicht nach oben bringen konnten. Weil sie nun fremdes Glück empört und sie am eigenen verzweifeln, hadern sie im Herzen mit dem Geschick, schimpfen über die böse Welt, ziehen sich ins Abseits zurück, hängen ihrem Jammer nach und empfinden dabei tiefsten Abscheu vor sich selbst. *(Die Seelenruhe 2)*

Flucht vor sich selbst

Typisch für einen Kranken ist es, nichts lange leiden zu können und die Veränderung als heilsam zu empfinden.

Deshalb unternimmt man ziellose Reisen, treibt sich an der Küste herum, und bald auf dem Meer, bald auf dem Land zeigt sich die Unrast, die stets das Gegenwärtige verabscheut. «Fahren wir nun nach Kampanien!» «Das Luxusleben ödet mich

persequamur.» «Aliquid tamen inter deserta amoeni requiritur, in quo luxuriosi oculi longo locorum horrentium squalore releventur.» «Tarentum petatur laudatusque portus et hiberna caeli mitioris et regio vel antiquae satis opulenta turbae.» «Iam flectamus cursum ad urbem: nimis diu plausu et fragore aures vacaverunt, iuvat iam et humano sanguine frui.»

Aliud ex alio iter suscipitur et spectacula spectaculis mutantur. Ut ait Lucretius:

Hoc se quisque modo semper fugit.

Sed quid prodest, si non effugit? Sequitur se ipse et urget gravissimus comes.

Itaque scire debemus non locorum vitium esse, quo laboramus, sed nostrum: infirmi sumus ad omne tolerandum nec laboris patientes nec voluptatis nec nostri nec ullius rei diutius. Hoc quosdam egit ad mortem: quod proposita saepe mutando in eadem revolvebantur et non reliquerant novitati locum, fastidio esse illis coepit vita et ipse mundus et subiit illud tabidarum deliciarum: «Quousque eadem?»

schon an.» «Dann sehen wir uns in der Wildnis um und suchen Bruttium und Lukaniens Schluchten auf!» «Etwas wird man allerdings in der wüsten Gegend vermissen, etwas Hübsches, bei dessen Anblick sich ein kultivierter Mensch von der endlosen Öde rauher Gegenden erholen kann.» «Gehen wir doch nach Tarent, zu dem berühmten Hafen, zur Winterfrische mit dem milderen Klima, in eine Landschaft, die schon in alten Zeiten dicht besiedelt war.» «Kehren wir doch gleich um, nach Rom; allzulange haben meine Ohren keinen Beifall und kein Schwerterklirren gehört. Schon macht es wieder Freude, sich am Anblick von Menschenblut zu weiden.»

Eine Reise nach der andern unternimmt man, ein Spektakel läßt man dem andern folgen – wie es bei Lukrez heißt:
So sucht jeder stets, vor sich selber zu fliehen.
Doch was hilft's, wenn er sich nicht entflieht? Er begleitet sich selber und fällt sich zur Last als unangenehmster Gefährte.

Darum sollten wir wissen, daß nicht die Gegenden schuld an unserem Unbehagen sind, sondern wir selbst: Schwach sind wir gegenüber allem, wo es standzuhalten gilt: Wir können weder Leid noch Lust noch uns selbst noch irgend etwas sonst ertragen – jedenfalls nicht längere Zeit. Das hat manche schon in den Tod getrieben: Da sie infolge häufigen Wechsels ihrer Vorsätze stets auf den Ausgangspunkt zurückgeworfen wurden und sich nicht die Möglichkeit neuer Erfahrungen offengehalten hatten, ekelte sie mit der Zeit ihr Leben und die ganze Welt an, und es überkam sie das Gefühl von Leuten, die aller Genüsse überdrüssig sind: «Wie lange noch dasselbe?» *(Die Seelenruhe 2)*

Inspicere autem debebimus primum nosmet ipsos, deinde ea, quae aggrediemur negotia, deinde eos, quorum causa aut cum quibus.

Ante omnia necesse est se ipsum aestimare, quia fere plus nobis videmur posse quam possumus: alius eloquentiae fiducia prolabitur, alius patrimonio suo plus imperavit, quam ferre posset, alius infirmum corpus laborioso pressit officio.

Aestimanda sunt deinde ipsa, quae aggredimur, et vires nostrae cum rebus, quas tentaturi sumus, comparandae. Debet enim semper plus esse virium in actore quam in opere: necesse est opprimant onera, quae ferente maiora sunt. Quaedam praeterea non tam magna sunt quam fecunda multumque negotiorum ferunt: et haec refugienda sunt, ex quibus nova occupatio multiplexque nascetur.

Nec accedendum eo, unde liber regressus non sit: iis admovenda manus est, quorum finem aut facere aut certe sperare

Vom rechten Planen und Handeln

Alles mit Augenmaß!

Gründlich prüfen müssen wir zuerst uns selbst, dann die Aufgaben, die wir übernehmen, und dann die Menschen, derentwegen oder mit denen wir das tun.

Vor allem ist es nötig, sich selbst richtig einzuschätzen, da wir uns in der Regel einbilden, mehr zu können als wir können. Der eine übernimmt sich im Vertrauen auf seine Fähigkeiten als Redner, der andere hat sich finanziell mehr zugemutet als er leisten konnte, der dritte seine schwächliche Konstitution durch eine anstrengende Aufgabe überfordert.

Zweitens sollten wir das abschätzen, was wir in Angriff nehmen, und unsere Kräfte an den Aufgaben messen, denen wir uns stellen wollen. Es ist nämlich unerläßlich, daß der handelnde Mensch über mehr Energie verfügt als seine Aufgabe verlangt. Notwendigerweise drücken Lasten nieder, die für den Träger zu schwer sind. Manches ist zudem weniger bedeutend als problemträchtig und bringt nur eine Menge Arbeit ein – und solchen Aufgaben sollte man aus dem Weg gehen, aus denen weitere, vielfältige Beanspruchung erwächst.

Auch darf man sich nicht auf etwas einlassen, woraus nicht ohne weiteres ein Rückzug möglich ist. An das sollte man

possis; relinquenda, quae latius actu procedunt nec, ubi proposueris, desinunt.

Hominum utique dilectus habendus est, an digni sint, quibus partem vitae notrae impendamus, an ad illos temporis nostri iactura perveniat: quidam enim ultro officia nobis nostra imputant.

Faciles etiam nos facere debemus, ne nimis destinatis rebus indulgeamus transeamusque in ea, in quae nos casus deduxerit, nec mutationem aut consilii aut status pertimescamus, dummodo nos levitas, inimicissimum quieti vitium, non excipiat. Nam et pertinacia necesse est anxia et misera sit, cui fortuna saepe aliquid extorquet, et levitas multo gravior nusquam se continens.

Utrumque infestum est tranquillitati, et nihil mutare posse et nihil pati.

Hand legen, was man sofort oder wenigstens in absehbarer Zeit zu Ende bringen kann, und die Finger davon lassen, was im Lauf der Tätigkeit sich ausweitet und nicht da, wo man es sich vorgenommen hatte, endet.

Unter den Menschen muß man unbedingt auswählen, ob sie es verdienen, daß wir ihnen einen Teil unseres Lebens widmen, ob ihnen unser Opfer an Zeit zugute kommt. Manche setzen ihrerseits das, was wir für sie taten, auf unser Schuldkonto.

(Die Seelenruhe 6)

Nicht mit dem Kopf durch die Wand!

Flexibel müssen wir auch werden, damit wir uns nicht allzusehr an einmal gefaßte Entscheidungen klammern, sondern uns in das schicken, wohin uns der Zufall leitet, und auch nicht davor zurückschrecken, unsere Pläne und unsere Einstellung zu ändern, wenn wir uns nur nicht der Oberflächlichkeit ergeben, einem Fehler, der dem Seelenfrieden besonders abträglich ist. Natürlich ist auch ein starrsinniger Mensch notwendigerweise in Unruhe und übel dran: Ihm nötigt das Schicksal oft etwas ab. Aber der Unbeständige hat es noch viel schwerer, da er nirgends Halt findet.

Beides ist für die innere Ausgeglichenheit schädlich: Wenn man nichts anders machen und wenn man bei nichts durchhalten kann.

Utique animus ab omnibus externis in se revocandus est: sibi confidat, se gaudeat, sua suspiciat, recedat, quantum potest, ab alienis, et se sibi applicet; damna non sentiat, etiam adversa benigne interpretetur.

Nuntiato naufragio Zenon noster, cum omnia sua audiret submersa: «Iubet», inquit, «me fortuna expeditius philosophari.»

Proximum ab his erit, ne aut in supervacuis aut ex supervacuo laboremus, id est, ne, quae aut non possumus consequi, concupiscamus aut adepti vanitatem cupiditatum nostrarum sero post multum sudorem intellegamus, id est, ne aut labor irritus sit sine effectu aut effectus labore indignus.

Fere enim ex his tristitia sequitur, si aut non successit aut successus pudet.

Circumcidenda concursatio, qualis est magnae parti hominum domos et theatra et fora pererrantium: alienis se negotiis offerunt, semper aliquid agentibus similes. Horum si aliquem exeuntem e domo interrogaveris: «Quo tu? Quid cogitas?» respondebit tibi: «Non, mehercules, scio, sed aliquos videbo, ali-

Auf jeden Fall sollte man sich, weg von allen Äußerlichkeiten, auf sich selbst zurückziehen, sich vertrauen, auf sich mit Freude, auf das Seine mit Stolz schauen, sich nach Möglichkeit der Fremdbestimmung entziehen und sich der eigenen Person zuwenden, Verluste nicht spüren und auch dem Widrigen eine gute Seite abgewinnen.

Als ihm ein Schiffsuntergang gemeldet wurde, sagte unser großer Zenon, wievohl er vernehmen mußte, daß all seine Habe versunken sei: «Das Schicksal gebietet mir, weniger bepackt zu philosophieren!»   *(Die Seelenruhe 14)*

Wozu sich abstrampeln?

In engem Zusammenhang damit steht, daß wir uns weder bei Unnötigem noch unnötigerweise plagen, das heißt, daß wir weder Unerreichbares begehren noch, am Ziel unserer Wünsche, die Eitelkeit unseres Begehrens zu spät und nach viel Schweiß erkennen; das heißt auch, daß weder unsere Mühe verschwendet und ergebnislos sein soll noch das Ergebnis unserer Mühe unwert.

In der Regel ist Enttäuschung die Folge, wenn man erfolglos war oder sich des Erfolges schämen muß.

Energisch beschränken muß man die Hektik, wie man sie bei einem großen Teil der Leute findet, die durch Häuser und Theater und Märkte rennen. Fremden bieten sie ihre Dienste an, und stets scheint es, sie hätten etwas zu tun. Wenn du einen von denen beim Verlassen seines Hauses fragst: «Wohin willst du?

quid agam.» Sine proposito vagantur quaerentes negotia nec, quae destinaverunt, agunt, sed in quae incucurrerunt. Inconsultus illis vanusque cursus est, qualis formicis per arbusta repentibus, quae in summum cacumen et inde in imum inanes aguntur. His plerique similem vitam agunt, quorum non immerito quis inquietam inertiam dixerit.

Quorundam quasi ad incendium currentium misereberis: usque eo impellunt obvios et se aliosque praecipitant, cum interim cucurrerunt aut salutaturi aliquem non resalutaturum aut funus ignoti hominis prosecuturi aut ad iudicium saepe litigantis aut ad sponsalia saepe nubentis et lecticam assectati quibusdam locis etiam tulerunt.

Dein domum cum supervacua redeuntes lassitudine iurant nescire se ipsos, quare exierint, ubi fuerint, postero die erraturi per eadem illa vestigia.

Omnis itaque labor aliquo referatur, aliquo respiciat. Non industria inquietos, ut insanos falsae rerum imagines agitant: nam ne illi quidem sine aliqua spe moventur; proritat illos alicuius rei species, cuius vanitatem capta mens non coarguit.

Was hast du im Sinn?», wird er dir erwidern: «Bei Gott, ich weiß es nicht, doch irgendwelche Leute werd' ich treffen, irgendwas erledigen.» Ziellos streifen sie herum auf der Suche nach Beschäftigung und tun nicht, was sie sich vorgenommen haben, sondern worauf sie eben stoßen. Unüberlegt und sinnlos ist ihr Gerenne, wie bei Ameisen, die im Geäst krabbeln, die es hoch in den Wipfel und von dort nach drunten unnütz treibt. Ähnlich diesen bringen die meisten ihr Leben hin, deren Treiben man mit vollem Recht ein ruheloses Nichtstun nennen könnte.

Mit manchen, die losstürmen, als ob es brennt, kann man gar Mitleid haben, derart heftig rempeln sie Entgegenkommende an und bringen sich und andere zu Fall, während sie rennen, um jemand zu grüßen, der sie nicht wiedergrüßen wird, oder um einem Unbekannten das Totengeleit zu geben, oder zum Prozeß eines Menschen, der oft prozessiert, oder zur Verlobung eines anderen, der oft heiratet, und wenn sie eine Sänfte aufgegabelt haben, helfen sie dann und wann sogar beim Tragen. Wenn sie danach erschöpft heimkommen nach der unnötigen Plage, schwören sie, sie wüßten selbst nicht, warum sie ausgegangen, wo sie gewesen seien – und dabei werden sie sich am nächsten Tag genau an den gleichen Orten herumtreiben.

Jede Mühe sollte also irgendeinen Anlaß haben, irgendein Ziel. Es ist nicht ihr Fleiß, der die Ruhelosen umtreibt, so wie Verrückte ihre Wahngebilde; nicht einmal solche Menschen setzen sich ja ohne den geringsten Anlaß in Bewegung. Es lockt sie die Vorstellung von irgend etwas, was ihr verwirrter Geist nicht als Hirngespinst erweisen kann.

Eodem modo unumquemque ex his, qui ad augendam turbam exeunt, inanes et leves causae per urbem circumducunt, nihilque habentem, in quod laboret, lux orta expellit et, cum multorum frustra liminibus illisus nomenclatores persalutavit a multis exclusus, neminem ex omnibus difficilius domi quam se convenit.

Proderit nobis illud Democcriti salutare praeceptum, quo monstratur tranquillitas, si neque privatim neque publice multa aut maiora viribus nostris egerimus. Numquam tam feliciter in multa discurrenti negotia dies transit, ut non aut ex homine aut ex re offensa nascatur, quae animum in iras paret.

Quemadmodum per frequentia urbis loca properanti in multos incursitandum est et aliubi labi necesse est, aliubi retineri, aliubi respergi, ita in hoc vitae actu dissipato et vago multa impedimenta, multae querelae incidunt: alius spem nostram fefellit, alius distulit, alius intercepit; non ex destinato proposita fluxerunt. Nulli fortuna tam dedita est, ut multa temptanti ubique respondeat; sequitur ergo, ut is, cui contra, quam proposuerat, aliqua cesserunt, impatiens hominum rerumque sit, ex levissimis causis irascatur nunc personae, nunc negotio, nunc loco, nunc fortunae, nunc sibi.

Ebenso führen jeden einzelnen von denen, die ausgehen, um das Gedränge in der Stadt noch zu vergrößern, nichtige und unwichtige Gründe im Kreis herum, und selbst wer gar nichts hat, worauf er Mühe verwenden könnte, den treibt das Morgenlicht davon, und wenn er nach vergeblichem Pochen an den Türen vieler nur ihre Sekretäre begrüßen konnte und von vielen gar ausgesperrt wurde, dann war von all den Leuten keiner schwerer daheim anzutreffen als er selbst.   *(Die Seelenruhe 12)*

Übernimm dich nicht!

Nützlich kann uns jener gute Rat des Demokrit sein, der uns Seelenfrieden verheißt, wenn wir weder privat noch für den Staat vielerlei treiben oder uns überfordern. Nie geht so glücklich einem Vielgeschäftigen der Tag dahin, daß ihm nicht durch einen Menschen oder ein Ereignis Unbill erwüchse, die in ihm Zorn hochkommen läßt.

Wie jemand, der über volkreiche Plätze einer großen Stadt rennt, unweigerlich mit vielen Leuten zusammenstößt und bald ausgleitet, bald aufgehalten wird, bald sich schmutzig macht, so erfährt, wer sich in einem so hektischen Leben völlig verzettelt, viel Behinderung, viel Unannehmlichkeit. Einer hat unsere Hoffnung enttäuscht, ein anderer hingehalten, ein dritter sie zerschlagen: Nicht nach Wunsch lief, was wir unternahmen. Keinem ist das Glück so zugetan, daß es ihm bei vielfältigen Unternehmungen überall seinen Willen täte. Daraus ergibt sich also, daß einer, dem irgendein Vorhaben danebenging, sich mit den Leuten und den Verhältnissen nicht abfinden kann und aus

Itaque, ut quietus possit esse animus, non est iactandus nec multarum, ut dixi, rerum actu fatigandus nec magnarum supraque vires appetitarum.

Facile est levia aptare cervicibus et in hanc aut illam partem transferre sine lapsu, at quae alienis in nos manibus imposita aegre sustinemus, victi in proximo effundimus; etiam dum stamus sub sarcina, impares oneri vaccillamus.

Idem accidere in rebus civilibus ac domesticis scias. Negotia expedita et habilia sequuntur actorem, ingentia et supra mensuram gerentis nec dant se facile et, si occupata sunt, premunt atque abducunt administrantem tenerique iam visa cum ipso cadunt: ita fit, ut frequenter irrita sit eius voluntas, qui non, quae facilia sunt, aggreditur, sed vult facilia esse, quae aggressus est.

Quotiens aliquid conaberis, te simul et ea, quae paras quibusque pararis ipse, metire; faciet enim te asperum paenitentia operis infecti.

geringfügigsten Anlässen in Zorn gerät, bald über einen Menschen, bald über eine schwierige Aufgabe, bald über seine Stellung, bald über das Schicksal, bald über sich selbst.

Um innerlich ruhig sein zu können, darf man sich deshalb nicht umtreiben, sich nicht – wie schon gesagt – bei der Erledigung vielfältiger Aufgaben erschöpfen oder bei der großer Projekte, die über unsere Kraft gehen.

Keine Mühe macht es, Leichtes recht auf den Nacken zu nehmen und es dahin und dorthin zu tragen, ohne zu straucheln. Doch was uns fremde Hände aufgeladen haben und wir nur mühsam halten können, das drückt uns nieder, und bei nächster Gelegenheit schleudern wir es fort. Auch solange wir der Bürde standzuhalten suchen, schwanken wir, zu schwach für die Last.

(Der Zorn III 6)

Daß es im politischen Leben nicht anders zugeht als im privaten Bereich, solltest du wissen. Einfache und machbare Aufgaben erledigen sich wie von selbst, außerordentliche, dem damit Betrauten unangemessene, lassen sich nicht leicht lösen, und will man sie bewältigen, dann machen sie dem, der es versucht, schwer zu schaffen und lassen ihn scheitern, und was er schon im Griff zu haben schien, geht mit ihm unter. So kommt es, daß dessen Streben oft erfolglos ist, der nicht, was machbar ist, in Angriff nimmt, sondern will, daß machbar ist, was er in Angriff nahm.

Sooft du etwas versuchst, solltest du zugleich dich und das, was du bewirken willst und was auf dich wirkt, abschätzen.

At in aliquod genus vitae difficile incidisti et tibi ignoranti vel publica fortuna vel privata laqueum impegit, quem nec solvere possis nec rumpere. Cogita compeditos primo aegre ferre onera et impedimenta crurum; deinde, ubi non indignari illa, sed pati proposuerunt, necessitas fortiter ferre docet, consuetudo facile.

Invenies in quolibet genere vitae oblectamenta et remissiones et volupates, si volueris mala putare levia potius quam invidiosa facere.

Nullo melius nomine de nobis natura meruit, quae, cum sciret, quibus aerumnis nasceremur, calamitatum mollimentum consuetudinem invenit cito in familiaritatem gravissima adducens. Nemo duraret, si rerum adversarum eandem vim assiduitas haberet quam primus ictus.

Omnes cum fortuna copulati sumus: aliorum aurea catena est ac laxa, aliorum arta et sordida, sed quid refert? Eadem custodia universos circumdedit alligatique sunt etiam, qui alligaverunt, nisi forte tu leviorem in sinistra catenam putas.

Reizbar macht dich nämlich die Scham, wenn du eine Aufgabe nicht geschafft hast. *(Der Zorn III 7)*

Wie man Schweres leichter trägt

Du bist im Leben in irgendeine mißliche Situation geraten, und ohne daß du's merktest, hat dir allgemeines oder persönliches Unglück eine Fessel angelegt, die du nicht lösen oder sprengen kannst. Denk daran, Sklaven in Beinschellen leiden zuerst unter dem Gewicht und der Behinderung; dann, wenn sie sich dazu durchgerungen haben, sich nicht mehr aufzuregen, sondern sie zu dulden, lernen sie durch Zwang, sie standhaft, durch Gewöhnung, sie leicht zu tragen.

Du wirst in jeder Lebenslage Vergnügen, Erholung und Genuß finden, wenn du nur bereit bist, Schlimmes leicht zu nehmen, statt deinen ganzen Haß darauf zu lenken.

Nirgends hat es die Natur besser mit uns gemeint: da sie ja wußte, zu welchen Leiden wir geboren werden, erfand sie zur Linderung der Unbill die Gewohnheit, die rasch das Allerschwerste alltäglich werden läßt. Niemand hielte stand, wenn dauerndes Unglück die gleiche Wucht hätte wie der erste Schlag.

Alle sind wir an unser Schicksal gebunden; nur ist die Fessel der einen golden und locker, die der anderen straff und schmutzig – doch was macht's? Die gleichen Gefängnismauern umschließen alle, und gebunden sind auch die, die andere gebunden haben, denn du wirst ja wohl nicht glauben, leichter sei die Handschelle an der Linken, beim Gefangenenwärter.

Alium honores, alium opes vinciunt; quosdam nobilitas, quosdam humilitas premit; quibusdam aliena supra caput imperia sunt, quibusdam sua; quosdam exsilia uno loco tenent, quosdam sacerdotia. Omnis vita servitium est.

Assuescendum est itaque condicioni suae et quam minimum de illa querendum et, quicquid habet circa se commodi, apprehendendum:

Nihil tam acerbum est, in quo non aequus animus solacium inveniat. Exiguae saepe areae in multos usus discribentis arte patuerunt, et quamvis angustum pedem dispositio fecit habitabilem.

Adhibe rationem difficultatibus: possunt et dura molliri et angusta laxari et gravia scite ferentes minus premere.

Non sunt praeterea cupiditates in longinquum mittendae, sed in vicinum illis egredi permittamus, quoniam includi ex toto non patiuntur. Relictis iis, quae aut non possunt fieri aut difficulter possunt, prope posita speique nostrae alludentia sequamur, sed sciamus omnia aeque levia esse extrinsecus diversas facies habentia, introrsus pariter vana.

Den einen fesseln hohe Ehren, den anderen seine Schätze; manchen ist ihr Adel beschwerlich, anderen ihre Niedrigkeit. Manche müssen das Haupt fremden Befehlen beugen, andere eigenen. Manche bannt das Exil an einen bestimmten Platz, manche ihr Priestertum. Das ganze Leben ist nur Sklaverei.

Daher muß man sich an seine Situation gewöhnen und möglichst wenig darüber klagen und alles, was sie an Annehmlichkeiten mit sich bringt, sich zu eigen machen.

Nichts ist so bitter, daß darin ein gelassener Mensch keinen Trost fände. Winzige Grundstücke haben schon oft durch geschickte Aufteilung für vielfache Nutzung Platz geboten, und einen noch so engen, nur fußbreiten Gang macht rechte Einteilung bewohnbar.

Geh mit Überlegung an Schwierigkeiten heran: Es kann Hartes weich und Enges weit werden und Schweres, wenn man es richtig trägt, weniger drücken.

Man darf außerdem sein Verlangen nicht auf Entferntes richten; nur in der Umgebung wollen wir ihm Ausgang gestatten, da es sich ja nicht ganz einsperren läßt. Unter Verzicht auf das Unmögliche oder Schwierige wollen wir nach dem Naheliegenden trachten, das unseren Hoffnungen entgegenkommt, doch uns bewußt sein, daß alles gleichermaßen leichtgewichtig ist, äußerlich zwar verschieden anzusehen, innen unterschiedslos hohl.

Nec invideamus altius stantibus: quae excelsa videbantur, praerupta sunt. Illi rursus, quos sors iniqua in ancipiti po-
suit, tutiores erunt superbiam detrahendo rebus per se superbis
et fortunam suam, quam maxime poterunt, in planum deferendo.

Multi quidem sunt, quibus necessario haerendum sit in
fastigio suo, ex quo non possunt nisi cadendo descendere; sed
hoc ipsum testentur maximum onus suum esse, quod aliis graves
esse cogantur, nec sublevatos se, sed suffixos.

Iustitia, mansuetudine, humanitate, larga et benigna
manu praeparent multa ad secundos casus praesidia, quorum
spe securius pendeant. Nihil tamen aeque nos ab his animi fluc-
tibus vindicaverit quam semper aliquem incrementis terminum
figere nec fortunae arbitrium desinendi dare; sed ipsos multo
quidem citra exempla hortentur consistere.

Sic et aliquae cupiditates animum acuent et finitae non in
immensum incertumque producent.

Auch wollen wir Höherstehende nicht beneiden: Was lange Zeit großmächtig schien, kann jäh zusammenbrechen! Jene hinwiederum, die ein unfreundliches Geschick in eine so prekäre Lage versetzt hat, sind weniger gefährdet, wenn sie ihrem an sich schon herausfordernden Besitz das Herausfordernde nehmen und ihr Glück, so weit sie es vermögen, auf ein bescheidenes Maß herabdrücken.

Es gibt freilich viele, die sich unweigerlich an ihre Spitzenstellung klammern müssen, von der sie nicht herabkommen können, ohne zu stürzen. Doch eben dies, so werden sie wohl bezeugen, belastet sie am meisten, daß sie zwangsläufig anderen lästig fallen und dabei selbst nicht hocherhaben, sondern ans Kreuz geschlagen sind.

Durch Gerechtigkeit, Sanftmut, Menschlichkeit und eine offene, gütige Hand sollten sie sich für einen glimpflichen Sturz viele Matten verschaffen, im Vertrauen auf die sie in ihrer Höhe furchtloser sein können. Nichts wird uns jedoch vor solchen seelischen Erschütterungen ebenso schützen wie eine stete Begrenzung dessen, was uns zufällt, und indem wir es nicht dem Glück anheimstellen, wann es endet. Vielmehr sollten uns selbst lange vorher warnende Beispiele Einhalt gebieten.

So werden auch bestimmte Wünsche unseren Argwohn wecken und uns, da wir sie begrenzen, nicht zu Maßlosem und Riskantem verführen. *(Die Seelenruhe 10)*

Est et illa sollicitudinum non mediocris materia, si te anxie componas nec ullis simpliciter ostendas, qualis multorum
vita est, ficta, ostentationi parata.

Torquet enim assidua observatio sui et deprehendi aliter
ac solet metuit.

Nec umquam cura solvimur, ubi totiens nos aestimari putamus, quotiens aspici. Nam et multa incidunt, quae invitos de-
nudent, et, bene cedat tanta sui diligentia, non tamen iucunda
vita aut secura est semper sub persona viventium.

At illa quantum habet voluptatis sincera et per se inornata
simplicitas nihil obtendens moribus suis! Subit tamen et haec
vita contemptus periculum, si omnia omnibus patent: sunt enim,
qui fastidiant, quicquid propius adierunt. Sed nec virtuti periculum est, ne admota oculis revilescat, et satius est simplicitate
contemni quam perpetua simulatione torqueri. Modum tamen
rei adhibeamus: multum interest, simpliciter vivas an negle-
genter.

Sei, wie du bist!

Auch das gibt zur Unruhe ganz erheblichen Anlaß, wenn man sich ängstlich verstellt und niemandem offen entgegentritt, so, wie viele leben: verlogen, nur auf den Schein bedacht.

Aber das ständige Achtgeben auf sich selbst wird zur Qual, und man muß zudem fürchten, ertappt zu werden, wenn man sich einmal anders gibt als üblich.

Auch kommen wir nie von diesem Hemmnis los, solange wir glauben, wir würden so oft beurteilt wie betrachtet, denn es kommt vieles vor, was uns ungewollt entlarvt, und selbst wenn so strenge Selbstkontrolle erfolgreich ist, ist doch das Leben derer weder angenehm noch sorgenfrei, die stets mit einer Maske leben.

Welche Lust liegt dagegen in echter, ganz ungekünstelter Offenheit, die ihre Art hinter nichts verbirgt! Doch auch eine solche Lebenshaltung gerät in Gefahr, abschätzig beurteilt zu werden, wenn allen alles offenliegt. Es gibt ja Leute, die alles widerwärtig finden, dem sie zu nahe gekommen sind. Doch für einen wertvollen Menschen besteht keine Gefahr, daß er bei näherer Betrachtung an Wert verliert, und es ist jedenfalls besser, wegen seines natürlichen Wesens mißachtet zu werden, als sich mit ständiger Verstellung zu quälen. Allerdings sollten wir auf das rechte Maß achten: Es ist ein großer Unterschied, ob man natürlich lebt oder nachlässig. *(Die Seelenruhe 17)*

Transeamus ad patrimonia, maximam humanarum aerumnarum materiam. Nam si omnia alia, quibus angimur, compares, mortes, aegrotationes, metus, desideria, dolorum laborumque patientiam, cum iis, quae nobis mala pecunia nostra exhibet, haec pars multum praegravabit.

Itaque cogitandum est, quanto levior dolor sit non habere quam perdere, et intellegemus paupertati eo minorem tormentorum, quo minorem damnorum esse materiam. Erras enim, si putas animosius detrimenta divites ferre: maximis minimisque corporibus par est dolor vulneris. Bion eleganter ait non minus molestum esse calvis quam comatis pilos velli.

Idem scias licet de pauperibus locupletibusque, par illis esse tormentum: utrique enim pecunia sua obhaesit nec sine sensu revelli potest.

Tolerabilius autem est, ut dixi, faciliusque non adquirere quam amittere, ideoque laetiores videbis, quos numquam fortuna respexit, quam quos deseruit.

Geld macht nicht glücklich

Wenden wir uns nun dem Hab und Gut zu, das den Menschen am meisten zu Kümmernissen Anlaß gibt. Denn wenn du alles, was uns bedrückt, die Todesfälle, Erkrankungen, Ängste, Sehnsüchte, das Ertragen von Schmerz und Mühsal, mit den Unannehmlichkeiten vergleichen wolltest, die uns das Geld bereitet, werden die letzteren bei weitem überwiegen.

Man sollte darum bedenken, wieviel weniger es schmerzt, kein Geld zu haben als es zu verlieren; dann werden wir begreifen, daß Armut desto weniger zu Betrübnis Anlaß gibt, je weniger Einbußen sie erlaubt. Du täuschst dich nämlich, wenn du meinst, gelassener könnten einen Verlust die Reichen ertragen. Dem größten und dem kleinsten Wesen tut eine Wunde gleichermaßen weh. Bion sagte treffend, gleich lästig sei es für Männer mit Glatze wie für solche mit vollem Schopf, wenn ihnen Haare ausgerissen werden.

Dasselbe darfst du von Armen und Wohlhabenden annehmen: Die Qual ist gleich; beiden ist ihr Geld ans Herz gewachsen und kann ihnen nicht, ohne daß sie es spüren, entrissen werden.

Erträglicher ist es aber, wie schon gesagt, und auch bequemer, nichts zu erwerben statt es zu verlieren, und daher sieht

Quanto ille felicior, qui nihil ulli debet, nisi cui facillime negat, sibi!

Sed quoniam non est nobis tantum roboris, angustanda certe sunt patrimonia, ut minus ad iniurias fortunae simus expositi. Habiliora sunt corpora in bello, quae in arma sua contrahi possunt, quam quae superfunduntur et undique magnitudo sua vulneribus obicit; optimus pecuniae modus est, qui nec in paupertatem cadit nec procul a paupertate discedit.

Placebit autem haec nobis mensura, si prius parsimonia placuerit, sine qua nec ullae opes sufficiunt nec ullae non satis patent, praesertim cum in vicino remedium sit et possit ipsa paupertas in divitias se advocata frugalitate convertere.

Assuescamus a nobis removere pompam et usus rerum, non ormanenta metiri. Cibus famem domet, potio sitim, libido, qua necesse est, fluat. Discamus membris nostris inniti, cultum victumque non ad nova exempla componere, sed ut maiorum mores suadent. Discamus continentiam augere, luxuriam coercere, gloriam temperare, iracundiam lenire, paupertatem aequis oculis aspicere, frugalitatem colere, etiam si multos pudebit rei eius, desideriis naturalibus parvo parata remedia adhibere, spes

man die heiterer, auf die nie das Glück geachtet hat, als die, die es verließ.

Um wieviel glücklicher ist, wer keinem etwas schuldet außer dem, dem er's am leichtesten verweigern kann – sich selbst!

Doch weil wir nicht soviel Festigkeit besitzen, gilt es auf jeden Fall die Habe zu begrenzen, damit wir weniger den Schlägen des Schicksals ausgesetzt sind. Leichter haben es im Krieg Soldaten, die sich hinter ihren Schild ducken können, als solche, die dafür zu breit gebaut sind und die von allen Seiten wegen ihrer Größe verwundbar sind. Am besten bemessen ist Geldbesitz, wenn er nicht eben an Armut grenzt, sich aber von der Armut auch nicht weit entfernt.

Gefallen finden wir an diesem Maßstab, wenn wir vorher an der Genügsamkeit Gefallen fanden. Wie ohne diese kein Besitz ausreicht, so ist im andern Fall keiner zu wenig, zumal Abhilfe leicht zu schaffen ist und sogar Armut sich, ruft man die Sparsamkeit zu Hilfe, in Reichtum verwandeln kann.

Gewöhnen wir uns an, auf Luxus zu verzichten und die Dinge nach ihrem Nutzen, nicht nach dem äußeren Glanz zu bewerten. Essen soll nur den Hunger stillen, ein Trank den Durst, dem Liebesverlangen gebe man nur, soweit nötig, nach. Wir wollen lernen, auf eigenen Füßen zu stehen, Kleidung und Nahrung nicht nach modernen Vorbildern zusammenzustellen, sondern so, wie es der Brauch der Alten nahelegt. Wir wollen lernen, unsere Enthaltsamkeit zu steigern, die Schwelgerei ein-

effrenatas et animum in futura immintem velut sub vinculis habere, id agere, ut divitias a nobis potius quam a fortuna petamus.

Studiorum quoque, quae liberalissima impensa est, tamdiu rationem habet, quamdiu modum. Quo innumerabiles libros et bibliothecas, quarum dominus vix tota vita indices perlegit? Onerat discentem turba, non instruit, multoque satius est paucis te auctoribus tradere quam errare per multos.

Apud desidiosissimos ergo videbis, quicquid orationum historiarumque est, tecto tenus exstructa loculamenta: iam enim inter balnearia et thermas bibliotheca quoque ut necessarium domus ornamentum expolitur. Ignoscerem plane, si studiorum nimia cupidine erraretur; nunc ista conquisita, cum imaginibus suis discripta, sacrorum opera ingeniorum in speciem et cultum parietum comparantur.

zuschränken, den Ehrgeiz zu dämpfen, den Jähzorn zu besänftigen, auf die Armut gelassenen Blicks zu schauen, Sparsamkeit zu üben, auch wenn sich viele ihrer schämen, die natürlichen Bedürfnisse mit wenig Aufwand zu befriedigen, maßlose Hoffnungen und Wünsche, die auf Künftiges gerichtet sind, sozusagen an die Kette zu legen und danach zu trachten, daß wir Schätze eher von uns als vom Schicksal begehren.

(Die Seelenruhe 8f.)

Multum, non multa

Auch bei der Beschäftigung mit Literatur und Kunst, wofür Ausgaben am vertretbarsten sind, haben sie nur solange Berechtigung, wie sie sich in Grenzen halten. Was bringen zahllose Bücher und Regale, wenn ihr Besitzer in seinem ganzen Leben kaum die Titel überflogen hat? Belastend für den Lernenden ist Überfülle, nicht belehrend, und viel vernünftiger ist es, sich wenigen Autoren zu widmen als ziellos in vielen herumzuschmökern.

So kannst du bei den größten Müßiggängern alles sehen, was es an Reden und Geschichtswerken gibt, Bücherwände bis hinauf zur Decke. Mittlerweile legt man nämlich zwischen Wannenbad und Sauna sich auch noch eine hübsche Bibliothek als unverzichtbare Zierde des Hauses an. Ich hätte dafür volles Verständnis, wenn man aus übergroßer Wißbegierde übers Ziel hinausschösse; heutzutage aber erwirbt man diese exquisiten, illustrierten Werke erhabener Geister zum Herzeigen und als Wandschmuck. *(Die Seelenruhe 9)*

Sed nihil prodest privatae tristitiae causas abiecisse: occupat enim nonnumquam odium generis humani et occurrit tot scelerum felicium turba. Cum cogitaveris, quam sit rara simplicitas et quam ignota innocentia et vix umquam, nisi cum expedit, fides et libidinis lucra damnaque pariter invisa et ambitio usque eo iam se suis non continens terminis, ut per turpitudinem splendeat, agitur animus in noctem et velut eversis virtutibus, quas nec sperare licet nec habere prodest, tenebrae oboriuntur.

In hoc itaque flectendi sumus, ut omnia vulgi vitia non invisa nobis, sed ridicula videantur, et Democritum potius imitemur quam Heraclitum: hic enim, quotiens in publicum processerat, flebat, ille ridebat; huic omnia, quae agimus, miseriae, illi ineptiae videbantur. Elevanda ergo omnia et facili animo ferenda: humanius est deridere vitam quam deplorare.

Wir und die anderen

Es nützt freilich nichts, nur die Gründe für Unzufriedenheit mit sich selbst beseitigt zu haben. Manchmal erfüllt uns Haß gegen die ganze Menschheit, und es wird uns bewußt, welche Unzahl von Verbrechen schon erfolgreich war. Wenn du überlegst, wie selten Aufrichtigkeit, wie unbekannt Rechtschaffenheit ist und daß man kaum je, sofern sie sich nicht auszahlt, Treue findet, und daß, was die Sinnenlust gibt und nimmt, gleich abscheulich ist, und die Prunksucht so sehr schon die ihr gesetzten Grenzen überschreitet, daß sie durch Sittenlosigkeit auffallen will, dann wird es dir Nacht im Herzen, und – gleich als wären alle Tugenden ausgetilgt, mit denen man nicht mehr rechnen kann und deren Besitz nichts nützt – schwarz vor den Augen.

Wir müssen uns deshalb zu der Haltung durchringen, daß wir all die Laster des Pöbels nicht abstoßend, sondern lächerlich finden, und es eher mit Demokrit halten als mit Heraklit: der nämlich mußte, sooft er sich unter Menschen begab, weinen, jener lachte. Dem kam unser ganzes Treiben jämmerlich, jenem närrisch vor. So sollte man denn alles auf die leichte Schulter nehmen und frohgemut ertragen. Menschlicher ist es, über das Leben zu lachen als zu klagen.

Adice, quod de humano quoque genere melius meretur, qui ridet illud quam qui luget: ille et spei bonae aliquid reliquit, hic autem stulte deflet, quae corrigi posse desperat; et universa contemplanti maioris animi est, qui risum non tenet quam qui lacrimas, quando levissimum affectum animi movet et nihil magnum, nihil severum, ne miserum quidem ex tanto paratu putat.

Singula, propter quae laeti ac tristes sumus, sibi quisque proponat et sciet verum esse, quod Bion dixit, omnia hominum negotia simillima initiis esse nec vitam illorum magis sanctam aut severam esse quam conceptum.

Sed satius est publicos mores et humana vitia placide accipere nec in risum nec in lacrimas excidentem; nam alienis malis torqueri aeterna miseria est, alienis delectari malis voluptas inhumana.

Illud potius cogitabis non esse irascendum erroribus. Quid enim, si quis irascatur in tenebris parum vestigia certa ponentibus? Quid, si quis surdis imperia non exaudientibus? Quid, si pueris, quod neglecto dispectu officiorum ad lusus et ineptos aequalium iocos spectent?

Bedenke auch, daß sich derjenige eher um die Menschheit verdient macht, der über sie spottet, als wer sie betrauert. Jener gibt ihr immerhin noch eine Chance, dieser aber jammert töricht über das, was er in seiner Verzweiflung für unverbesserlich hält, und sieht man es im ganzen, ist der größere Geist, wer das Lachen, und nicht, wer seine Tränen nicht unterdrücken kann, weil er der sanftesten Gemütsbewegung nachgibt und nichts für bedeutend, nichts für ernsthaft, auch nichts für jammervoll hält im großen Weltgebäude.

Weswegen wir froh und traurig sind, das halte sich ein jeder einzeln vor Augen; dann wird ihm klar, daß Bions Wort zutrifft, alle Geschäfte der Menschen glichen aufs Haar jenem, dem sie ihre Entstehung verdankten, und ihr Leben sei nicht makelloser und ernsthafter als ihre Empfängnis.

Doch noch besser ist es, die allgemeine Unmoral und die menschlichen Verkehrtheiten gelassen hinzunehmen und weder in Gelächter noch in Tränen auszubrechen, denn sich mit fremden Fehlern abzuquälen, ist endlose Mühsal, Freude über fremde Fehler dagegen eine unmenschliche Lust.

(Die Seelenruhe 15)

Man muß mit der Menschheit nachsichtig sein

Wegen Irrtümern sollte man nicht wütend werden. Wie wär's, wenn jemand in Zorn geriete über Leute, die im Dunkeln unsicher gehen, wie, wenn er über Taube zürnte, weil sie Befehle nicht hören, wie, wenn man es Kindern verargte, daß sie

Quid, si illis irasci velis, quod aegrotant, senescunt, fatigantur? Inter cetera mortalitatis incommoda et hoc est, caligo mentium nec tantum necessitas errandi, sed errorum amor.

Ne singulis irascaris, universis ignoscendum est; generi humano venia tribuenda est. Si irasceris iuvenibus senibusque, quod peccant, irascere infantibus; peccaturi sunt. Numquis irascitur pueris, quorum aetas nondum novit rerum discrimina? Maior est excusatio et iustior hominem esse quam puerum.

Hac condicione nati sumus, animalia obnoxia non paucioribus animi quam corporis morbis, non quidem obtusa nec tarda, sed acumine nostro male utentia, alter alteri vitiorum exempla: quisquis sequitur priores male iter ingressos, quidni habeat excusationem, cum publica via erraverit?

In singulos severitas imperatoris destringitur, at necessaria venia est, ubi totus deseruit exercitus. Quid tollit iram sapientis? Turba peccantium: intellegit, quam et iniquum sit et periculosum irasci publico vitio.

nicht an alle ihre Pflichten denken, sondern nach Spielen und den albernen Späßen Gleichaltriger verlangen?

Wie wär' s, wenn du den Leuten dort zürnen wolltest, weil sie krank sind, alt und müde? Zu allem andern, was uns schwache Menschen drückt, gehört auch dies, daß wir im Dunkeln tappen und nicht nur irren müssen, sondern den Irrtum lieben.

Um nicht einzelnen zu zürnen, muß man allen verzeihen. Man sollte der Menschheit gegenüber Nachsicht zeigen. Wenn du dich über Junge und Alte erbost, weil sie Fehler machen, zürne auch Säuglingen: Sie werden in Zukunft Fehler machen! Erregt sich jemand über Kinder, die in ihrem zarten Alter die Dinge noch nicht zu unterscheiden wissen? Gewichtiger und stichhaltiger ist die Entschuldigung: «Er ist ein Mensch!» als «Nur ein Kind!»

Das Los haben wir bei unserer Geburt gezogen: als Lebewesen sind wir ebensovielen seelischen wie körperlichen Leiden ausgeliefert, sind zwar nicht taub und stumpfsinnig, nützen jedoch unseren Scharfsinn übel und geben einander ein Vorbild in Verkehrtheit. Jeder, der denen folgt, die zuerst den verkehrten Weg einschlugen, darf sich doch wohl damit entschuldigen, wenn er auf ausgetretener Straße in die Irre ging?

Gegen einzelne Deserteure greift der General mit aller Strenge durch; Pardon ist unvermeidlich, wenn das ganze Heer davongelaufen ist. Was nimmt den Zorn des Weisen fort? Die große Schar der Sünder. Er begreift, wie unbillig und wie riskant es ist, sich über ein allgemeines Laster zu erbosen.

Heraclitus quotiens prodierat et tantum circa se male viventium, immo male pereuntium viderat, flebat, miserebatur omnium, qui sibi laeti felicesque occurrebant, miti animo, sed nimis imbecillo: et ipse inter deplorandos erat. Democritum contra aiunt numquam sine risu in publico fuisse; adeo nihil illi videbatur serium eorum, quae serio gerebantur. Isticcine irae locus est, ubi aut ridenda omnia aut flenda sunt?

Non irascetur sapiens peccantibus: quare? Quia scit neminem nasci sapientem, sed fieri, scit paucissimos omni aevo sapientis evadere, quia condicionem humanae vitae perspectam habet; nemo autem naturae sanus irascitur. Quid enim, si mirari velit non in silvestribus dumis poma pendere? Quid, si miretur spineta sentesque non utili aliqua fruge compleri? Nemo irascitur, ubi vitium natura defendit.

Placidus itaque sapiens et aequus erroribus, non hostis, sed correptor peccantium, hoc cotidie procedit animo: «Multi mihi occurrent vino dediti, multi libidinosi, multi ingrati, multi avari, multi furiis ambitionis agitati.» Omnia ista tam propitius aspiciet quam aegros suos medicus.

Numquid ille, cuius navigium multam undique laxatis compagibus aquam trahit, nautis ipsique navigio irascitur? Oc-

Sooft Heraklit sich unter die Leute begab und so viele ringsum sah, die übel lebten, ja vielmehr übel zugrunde gingen, mußte er weinen und bedauerte alle, die ihm froh und glücklich entgegenkamen; er war von mildem, aber allzu unbeherrschtem Wesen und darum selbst zu bedauern. Von Demokrit sagt man hingegen, er sei niemals, ohne zu lachen, unter Leuten gewesen. So wenig ernstzunehmen schien ihm alles, was man mit Ernst betrieb. Ist aber da Zorn am Platz, wo alles entweder lachhaft oder zum Heulen ist?

Keinen Zorn wird der Weise gegenüber Sündern empfinden. Wieso? Weil er weiß, daß niemand als Weiser auf die Welt kommt, sondern weise wird. Er weiß, daß in jeglicher Epoche nur ganz wenige sich zu Weisen entwickeln, weil er erfaßt hat, wie es um das Menschenleben steht. Niemand aber zürnt der Natur, sofern er bei Verstand ist. Wie wär's, wenn er sich wundern wollte, daß an den Büschen im Wald keine Äpfel hängen? Wie, wenn er sich verwunderte, daß Dornhecken und stachlige Sträucher nicht voll sind von irgendwelchem verwertbaren Obst? Niemand regt sich auf, wo die Natur den Mangel deckt.

Gelassen bleibt daher der Weise und wohlwollend dem Irrtum gegenüber, kein Feind, sondern ein Mahner der Sünder, und täglich geht er mit dieser Einstellung aus dem Haus: «Viele werden mir begegnen, die dem Wein verfallen sind, viele Unzüchtige, viele Undankbare, viele Habgierige, viele vom Wahnsinn des Ehrgeizes Getriebene.» Auf all das wird er so gütig schauen wie auf seine Kranken der Arzt.

Ist etwa derjenige, dessen Schiff heftig leckt, weil es allenthalben aus den Fugen geht, auf seine Mannschaft oder das

currit potius et aliam excludit undam, aliam egerit, manifesta fo-
ramina praecludit, latentibus et ex occulto sentinam ducentibus
labore continuo resistit nec ideo intermittit, quia, quantum ex-
haustum est, subnascitur.

Lento adiutorio opus est contra mala continua et fecunda,
non ut desinant, sed ne vincant.

Cum videris forum multitudine refertum et saepta con-
cursu omnis frequentiae plena et illum circum, in quo maximam
sui partem populus ostendit, hoc scito istic tantundem esse vitiorum quantum hominum. Inter istos, quos togatos vides, nulla
pax est; alter in alterius exitium levi compendio ducitur; nulli
nisi ex alterius iniuria quaestus est; felicem oderunt, infelicem
contemnunt; maiorem gravantur, minori graves sunt; diversis
stimulantur cupiditatibus; omnia perdita ob levem voluptatem
praedamque cupiunt. Non alia quam in ludo gladiatorio vita est
cum isdem viventium pugnantiumque.

Schiff selber böse? Er unternimmt lieber etwas und sucht das Wasser einerseits am Eindringen zu hindern, zum andern auszuschöpfen, stopft sichtbare Löcher zu, gegen unentdeckte, die an verborgener Stelle das Kielwasser steigen lassen, setzt er unermüdliche Arbeit und unterbricht sie nicht deshalb, weil soviel, wie ausgeschöpft wurde, von unten nachdringt.

Anhaltende Hilfe braucht es gegen beständige und üppig ins Kraut schießende Übel – nicht, damit sie enden, sondern damit sie nicht die Oberhand bekommen. *(Der Zorn II 10)*

Der Mensch ist dem Menschen ein Wolf

Wenn du den Markt gedrängt voll Menschen siehst und den Wahlplatz auf dem Marsfeld überfüllt, weil alle Welt zusammenströmt, und jenen Circus, in dem das Volk sich größtenteils zeigt, dann sei dir bewußt, daß dort ebensoviele Laster wie Menschen sind. Unter denen, die du in Zivil siehst, gibt es keinen Frieden: Um einander zu vernichten, genügt die Aussicht auf ein wenig Profit.

Jedermann zieht Vorteil aus dem Schaden des anderen. Den Glücklichen hassen, den Unglücklichen verachten sie; den Höhergestellten finden sie lästig, dem Geringeren fallen sie zur Last. Von gegensätzlichen Trieben lassen sie sich leiten. Alles mag hin sein für ein bißchen Lustgewinn, das ist ihr Wunsch. Ebenso wie in einer Gladiatorenkaserne ist ihr Leben, da sie mit denselben Leuten zusammenleben und kämpfen.

Ferarum iste conventus est, nisi quod illae inter se placidae sunt morsuque similium abstinent, hi mutua laceratione satiantur. Hoc uno ab animalibus mutis differunt, quod illa mansuescunt alentibus, horum rabies ipsos, a quibus est nutrita, depascitur.

Omnia sceleribus ac vitiis plena sunt; plus committitur, quam quod possit coercitione sanari; certatur ingenti quidem nequitiae certamine: maior cotidie peccandi cupiditas, minor verecundia est: expulso melioris aequiorisque respectu, quocumque visum est, libido se impingit nec furtiva iam scelera sunt: praeter oculos eunt adeoque in publicum missa nequitia est et in omnium pectoribus evaluit, ut innocentia non rara, sed nulla sit.

Numquid enim singuli aut pauci rupere legem? Undique velut signo dato ad fas nefasque miscendum coorti sunt.

Si volumus aequi rerum omnium iudices esse, hoc primum nobis persuadeamus neminem nostrum esse sine culpa; hinc enim maxima indignatio oritur: «Nihil peccavi» et «Nihil feci». Immo nihil fateris!

Bestien haben sich da versammelt – nur daß jene zueinander friedlich sind und Artgenossen mit ihrem Biß verschonen, diese aber es genießen, sich gegenseitig zu zerfleischen. In dem einen Punkt unterscheiden sie sich von sprachlosen Tieren, daß diese sich von ihren Wärtern zähmen lassen, jene aber in ihrer Wut sogar die verschlingen, die sie großgezogen haben.

Alles ist voller Frevel und Laster, man begeht zu viele Verbrechen, als daß sie durch Bestrafung noch eingedämmt werden könnten, man mißt sich in einem ungeheuren Wettstreit der Schlechtigkeit. Größer wird tagtäglich das Verlangen nach Sünde, geringer die Scham. Ohne Rücksicht auf das, was besser und angemessener wäre, wirft sich die Gier, worauf es ihr beliebt. Und schon geschehen die Frevel nicht mehr im Verborgenen: Vor aller Augen gehen sie vonstatten, und in dem Maße ist die Verworfenheit auf die Gesellschaft losgelassen und im Innern eines jeden angewachsen, daß es Unschuld nicht etwa selten, sondern nicht mehr gibt.

Sind etwa nur einzelne oder wenige Gesetzesbrecher? Von allen Seiten, wie auf ein gegebenes Zeichen, sind sie angetreten, um Recht und Unrecht zu vermengen.   *(Der Zorn II 8 f.)*

«Wir sind allzumal Sünder!»

Sofern wir gerecht in allen Dingen richten wollen, müssen wir erst zu der Überzeugung kommen, daß keiner von uns ohne Schuld ist. Deshalb kann man sich ja am meisten entrüsten: «Nichts hab' ich verbrochen!» und «Nichts hab' ich getan!». Nein, nichts gibst du zu!

Indignamur aliqua admonitione aut coercitione nos casti-
gatos, cum illo ipso tempore peccemus, quod adicimus malefac-
tis arrogantiam et contumaciam. Quis est iste, qui se profitetur
omnibus legibus innocentem? Ut hoc ita sit, quam angusta innocentia est ad legem bonum esse! Quanto latius officiorum patet
quam iuris regula! Quam multa pietas, humanitas, liberalitas,
iustitia, fides exigunt, quae omnia extra publicas tabulas sunt!

Sed ne ad illam quidem artissimam innocentiae formulam
praestare nos possumus: alia fecimus, alia cogitavimus, alia op-
tavimus, aliis favimus; in quibusdam innocentes sumus, quia
non successit. Hoc cogitantes aequiores simus delinquentibus,
credamus obiurgantibus; utique bonis ne irascamur (cui enim
non, si bonis quoque?), minime diis; non enim illorum, sed lege
mortalitatis patimur, quicquid incommodi accidit.

Careamus hoc malo purgemusque mentem et exstirpemus
radicitus, quae, quamvis tenuia undecumque haeserint, re-
nascentur, et iram non temperemus, sed ex toto removeamus
(quod enim malae rei temperamentum est?)

Wir empören uns, daß wir durch einen strengen Verweis oder eine Zwangsmaßnahme zur Ordnung gerufen wurden, und machen zur selben Zeit den Fehler, daß wir zu unseren Übeltaten noch Anmaßung und Starrsinn kommen lassen. Wer könnte frei bekennen, er habe noch gegen kein einziges Gesetz verstoßen? Und wäre es der Fall, was für eine begrenzte Unschuld ist es, nach dem Gesetz gut zu sein! Wieviel weiter reichen die Gebote der Pflicht als die des Rechts! Wieviel fordern Nächstenliebe, Menschlichkeit, Freigebigkeit, Gerechtigkeit und Treue – und das steht nicht auf den Gesetzestafeln!

Doch nicht einmal jenem bescheidensten Maßstab der Unschuld können wir genügen: das eine haben wir getan, anderes beabsichtigt, das eine selbst gewollt, das andere durchgehen lassen! In manchem sind wir nur deshalb schuldlos, weil der Erfolg ausblieb. Bedenken wir das, seien wir Sündern gnädiger und hören wir auf unsere Kritiker! Keinesfalls soll unser Groll die Guten treffen – wen träfe es denn nicht, wenn sogar sie? – und am wenigsten die Götter, denn nicht nach ihrem Gesetz, sondern nach dem unserer Sterblichkeit müssen wir alles leiden, was uns an Unbill widerfährt. *(Der Zorn II 28)*

Wozu auch aus der Haut fahren?

Frei wollen wir von diesem Übel bleiben, unsere Seele reinigen und mit der Wurzel ausreißen, was, wenn auch noch so wenig da und dort noch haftet, wieder wachsen wird, wollen den Zorn nicht begrenzen, sondern völlig vertreiben – was wäre beim Bösen denn «Begrenzung»?

Poterimus autem, adnitamur modo. Nec ulla res magis proderit quam cogitatio mortalitatis. Sibi quisque atque alteri dicat: «Quid iuvat tamquam in aeternum genitos iras indicere et brevissimam aetatem dissipare? Quid iuvat dies, quos in voluptatem honestam impendere licet, in dolorem alicuius tormentumque transferre? Non capiunt res istae iacturam nec tempus vacat perdere. Quid ruimus in pugnam? Quid certamina nobis arcessimus?

Quid imbecillitatis obliti ingentia odia suscipimus et ad frangendum fragiles consurgimus? Iam istas inimicitias, quas implacabili gerimus animo, febris aut aliquod aliud malum corporis vetabit geri; iam par acerrimum media mors dirimet. Quid tumultuamur et vitam seditiosi conturbamus? Stat supra caput fatum et pereuntis dies imputat propiusque ac propius accedit; istud tempus, quod alienae destinas morti, fortasse circa tuam est.»

Quin potius vitam brevem colligis placidamque et tibi et ceteris praestas? Quin potius amabilem te, dum vivis, omnibus, desiderabilem, cum excesseris, reddis? Quid illum nimis ex alto tecum agentem detrahere cupis? Quid illum oblatrantem tibi, humilem quidem et contemptum, sed superioribus acidum ac molestum exterere viribus tuis temptas? Quid servo, quid domino, quid regi, quid clienti tuo irasceris? Sustine paulum: venit ecce mors, quae vos pares faciat.

Wir werden es schaffen, nur Mühe kostet es. Und nichts wird uns mehr helfen als das Bewußtsein unserer Sterblichkeit. Zu sich selbst und zu seinem Nächsten sage jeder: «Was bringt es, wenn man, wie zu ewigem Dasein geboren, aller Welt seinen Zorn zeigt und dabei die kurze Lebenszeit vergeudet? Was bringt es, die Tage, die man einem schicklichen Vergnügen widmen dürfte, zu verwenden, um jemand weh zu tun und ihn zu quälen? Nichts ist bei solchem Treiben zu gewinnen, noch hat man Zeit genug, sie zu verschwenden. Was stürzen wir in die Schlacht? Was halsen wir uns Streitigkeiten auf?

Was vergessen wir unsere Schwäche, steigern uns in ungeheuren Haß hinein und gehen los, um, selbst hinfällig, andere anzufallen? Bald wird uns jene Feindschaften, die wir unversöhnlich pflegen, ein Fieberanfall oder eine andere Krankheit nicht mehr pflegen lassen. Bald wird die erbittertsten Kontrahenten der Tod trennen. Was regen wir uns auf und bringen durch Streitsucht Unfrieden in unser Leben? Über uns steht das Schicksal, rechnet uns die Tage, die verloren gehen, an und kommt näher und näher – der Zeitpunkt, für den du eines anderen Ende vorgesehen hast, liegt vielleicht nah an deinem!

Warum hältst du die kurze Lebenszeit nicht lieber fest und machst sie ruhevoll für dich und andere? Warum schaffst du es nicht, daß dich im Leben alle lieben und dich nach deinem Scheiden vermissen? Warum willst du dem, der allzu hochfahrend mit dir umgeht, Abbruch tun? Warum versuchst du jenen, der dich anbelfert, einen elenden, verächtlichen Kerl, der aber Höherstehenden entsetzlich lästig fällt, mit deiner Macht zu zermalmen? Warum bist du deinem Sklaven, deinem Herrn, dei-

Videre solemus inter matutina harenae spectacula tauri et ursi pugnam inter se colligatorum, quos, cum alter alterum vexarunt, suus confector exspectat: idem facimus, aliquem nobiscum alligatum lacessimus, cum victo victorique finis et quidem maturus immineat. Quieti potius pacatique, quantulumcumque superest, exigamus! Nulli cadaver nostrum iaceat invisum!

Quanto satius est sanare iniuriam quam ulcisci! Multum temporis ultio absumit, multis se iniuriis obicit, dum una dolet; diutius irascimur omnes quam laedimur. Quanto melius est abire in diversum nec vitia vitiis opponere! Numquis satis constare sibi videatur, si mulam calcibus repetat et canem morsu?

«Ista», inquis, «peccare se nesciunt.» Primum, quam iniquus est, apud quem hominem esse ad impetrandam veniam nocet! Deinde, si cetera animalia hoc irae tuae subducit, quod consilio carent, eodem loco tibi sit, quisquis consilio caret; quid enim refert, an alia mutis dissimilia habeat, si hoc, quod in omni peccato muta defendit, simile habet, caliginem mentis?

nem König, deinem Klienten böse? Wart' ein Weilchen! Schau, da kommt der Tod, der macht euch gleich!

Gewöhnlich sehen wir bei der Vormittagsvorstellung in der Arena Stier und Bär kämpfen, aneinander gekettet. Haben diese sich gegenseitig schwer zugesetzt, steht ihr Schlächter bereit. Eben dies tun wir: Jemanden, der an uns gekettet ist, fordern wir heraus, obwohl dem Sieger und dem Besiegten das Ende, und zwar bald, bevorsteht. Wir sollten lieber in Ruhe und Frieden das bißchen Zeit, das uns noch bleibt, hinbringen! Für niemand soll unser Leichnam daliegen als Ärgernis!

(Der Zorn III 42 f.)

Wieviel besser ist's, ein Unrecht wiedergutzumachen als es zu vergelten! Viel Zeit vergeudet die Rache, vielfacher Unbill setzt sie sich aus, während sie sich wegen einer grämt! Länger grollen wir alle als man uns weh tut. Wieviel vernünftiger wär's, den umgekehrten Weg zu gehen und nicht dem Bösen mit Bösem zu begegnen! Darf sich jemand für einen konsequenten Menschen halten, wenn er sein Maultier widertritt, beim Hund zurückbeißt?

«Diese Tiere», meinst du, «wissen nicht, daß sie etwas Schlechtes tun.» Zum ersten: Wie unbillig ist der, bei dem die Tatsache, daß jemand ein Mensch ist, Verzeihung unmöglich macht? Sodann: Wenn das die anderen Lebewesen vor deiner Wut bewahrt, daß ihnen Einsicht fehlt, dann solltest du jeden genauso einstufen, dem die Einsicht fehlt. Was spielt es denn für eine Rolle, ob er sonst dem stummen Vieh unähnlich ist, wenn er dadurch, was bei jedem Fehlverhalten das stumme

Peccavit: hoc enim primum? Hoc enim extremum? Non est, quod illi credas, etiam si dixerit: «Iterum non faciam.» Et iste peccabit et in istum alius et tota vita inter errores volutabitur. Mansuete immansueta tractanda sunt.

Quod in luctu dici solet efficacissime, et in ira dicetur: utrum aliquando desines an numquam? Si aliquando, quanto satius est iram relinquere quam ab ira relinqui! An semper haec agitatio permanebit? Vides, quam impacatam tibi denunties vitam? Qualis enim erit semper tumentis? Adice nunc, quod, cum bene te ipse succenderis et subinde causas, quibus stimuleris, renovaveris, sua sponte ira discedet et vires illi dies subtrahet: quanto satius est a te illam vinci quam a se!

Prudentiori credamus, stultiori remittamus; pro quocumque illud nobis respondeamus sapientissimos quoque viros multa delinquere, neminem esse tam circumspectum, cuius non diligentia aliquando sibi ipsa excidat, neminem tam maturum, cuius non gravitatem in aliquod fervidius factum casus impingat, neminem tam timidum offensarum, qui non in illas, dum vitat, incidat.

Vieh entschuldigt, ihm ähnlich ist: durch geistige Umnachtung.

Er hat sich vergangen. Sicher zum ersten Mal? Sicher zum letzten Mal? Du brauchst ihm nicht zu glauben, wenn er sagt: «Ich tu's nicht wieder!» Ebenso wird der sich vergehen wie an ihm ein anderer – das ganze Leben wird eine Folge von Verfehlungen sein! Sanft muß man Ungesänftigtes behandeln.

Was bei Betrübnis in der Regel das wirksamste Wort ist, paßt auch auf den Zorn: «Wirst du einmal aufhören oder nie?» Hört er einmal auf, wieviel besser ist's, wenn man vom Zorn läßt, als wenn der Zorn von uns läßt. Oder soll diese Beunruhigung immer anhalten? Du siehst, was für ein friedloses Dasein du dir androhst! Wie wird es denn sein bei einem Menschen, der ständig hochgeht? Bedenke nun, daß selbst dann, wenn du dir selber tüchtig Zunder gibst und dir immer wieder die Gründe für deine Erregung vor Augen führst, von selbst der Zorn verraucht und seine Kräfte ihm die Zeit nimmt. Wieviel besser ist es also, wenn er dir unterliegt als sich selber!   *(Der Zorn III 27)*

Nobody is perfect

Dem Klügeren wollen wir vertrauen, dem Dümmeren verzeihen und für jedermann folgende Entschuldigung bereit haben: Auch die weisesten Männer machen viele Fehler; niemand ist so besonnen, daß er nicht irgendwann die Selbstkontrolle verlöre, niemand so vollkommen, daß ihn trotz seiner Charakterfestigkeit nicht ein dummer Zufall zu irgendeiner un-

Plurimum mali credulitas facit. Saepe ne audiendum quidem est, quoniam in quibusdam rebus satius est decipi quam diffidere. Tollenda ex animo suspicio et coniectura, fallacissima irritamenta: «Ille me parum humane salutavit; ille osculo meo non adhaesit; ille inchoatum sermonem cito abrupit; ille ad cenam non vocavit; illius vultus aversior visus est.»

Non deerit suspicioni argumentatio: simplicitate opus est et benigna rerum aestimatione. Nihil, nisi quod in oculos incurret manifestumque erit, credamus, et quotiens suspicio nostra vana apparuerit, obiurgemus credulitatem; haec enim castigatio consuetudinem efficiet non facile credendi.

Ex is, quae nos offendunt, alia renuntiantur nobis, alia ipsi audimus aut videmus. De iis, quae narrata sunt, non debemus cito credere: multi mentiuntur, ut decipiant, multi, quia decepti sunt; alius criminatione gratiam captat et fingit iniuriam, ut videatur doluisse factum; est aliquis malignus et, qui amicitias

überlegten Handlung verleitete, niemand so ängstlich darauf
bedacht, keinen Ärger zu erregen, daß er, während er ihn zu mei-
den sucht, ihn nicht bekäme. *(Der Zorn III 24)*

«Glaube nicht alles, was du hörst!»

Das meiste Unheil stiftet die Leichtgläubigkeit. Häufig
sollte man nicht einmal zuhören, weil es gelegentlich besser ist,
etwas nicht wahrzunehmen als mißtrauisch zu werden. Verbannen muß man aus seinem Herzen Verdacht und Mutmaßung als
äußerst unzuverlässige Entscheidungshelfer: «Der hat mich
recht unfreundlich gegrüßt, jener meinen Kuß nur flüchtig erwi-
dert, der ein begonnenes Gespräch abrupt beendet, der mich
nicht zum Abendessen eingeladen, und die Blicke von jenem
schienen mir ziemlich feindselig.»

Der Verdacht wird um eine Beweisführung nicht verlegen
sein. Aufrichtigkeit braucht es und eine positive Sicht der
Dinge. Nur was ins Auge fällt und mit Händen zu greifen ist, das
wollen wir glauben, und immer wenn unser Argwohn sich als un-
begründet erwiesen hat, wollen wir uns unsere Leichtgläubigkeit vorwerfen. Aus solcher Selbstkritik erwächst die Einstellung, nicht kurzerhand zu glauben. *(Der Zorn II 24)*

Von dem, was uns kränkt, wird uns das eine mitgeteilt,
anderes hören oder sehen wir selbst. Das, was uns berichtet
wurde, sollten wir nicht zu rasch glauben. Viele verbreiten Lügen, um zu täuschen, viele, weil sie getäuscht wurden. Der eine
will sich durch eine Anschuldigung Sympathie erwerben und

cohaerentis diducere velit; est aliquis suspicax et, qui spectare ludos cupiat et ex longinquo tutoque speculetur, quos collisit.

De parvula summa iudicaturo tibi res sine teste non probaretur, testis sine iureiurando non valeret, utrique parti dares actionem, dares tempus, non semel audires; magis enim veritas elucet, quo saepius ad manum venit: amicum condemnas de praesentibus? Antequam audias, antequam interroges, antequam illi aut accusatorem suum nosse liceat aut crimen, irasceris? Iam enim, iam utrimque, quid diceretur, audisti? Hic ipse, qui ad te detulit, desinet dicere, si probare debuerit: «Non est», inquit, «quod me protrahas; ego productus negabo; alioqui nihil umquam tibi dicam.» Eodem tempore et instigat et ipse se certamini pugnaeque subtrahit. Qui dicere tibi nisi clam non vult, paene non dicit: quid est iniquius quam secreto credere, palam irasci?

Directur aliquis male de te locutus: cogita, an prior feceris, cogita, de quam multis loquaris. Cogitemus, inquam, alios non facere iniuriam, sed reponere, alios pro nobis facere, alios

denkt sich ein Unrecht aus, um den Anschein zu erwecken, der Vorfall sei ihm nahegegangen. Manch einer ist boshaft und von der Art, daß er enge Freunde entzweien möchte. Wieder einer sät gern Zwist, will sich einen Streit ansehen und aus sicherer Entfernung die betrachten, die er gegeneinander gehetzt hat.

Müßtest du über einen lächerlichen Geldbetrag als Richter entscheiden, befändest du in dem Fall nicht ohne einen Zeugen; ein unvereidigter Zeuge fiele nicht ins Gewicht; beide Parteien ließest du zu Wort kommen, nähmest dir Zeit, hörtest dir den Fall nicht nur einmal an, denn heller tritt die Wahrheit zutage, je häufiger man sie sich vor Augen führt. Einen Freund verurteilst du im Schnellverfahren? Ehe du ihn anhören, ehe du ihn fragen kannst, ehe er wissen kann, wer ihn verklagt oder was man ihm vorwirft, zürnst du? Längst ja, längst hast du gehört, was beide Seiten vorbringen? Eben der Ohrenbläser wird verstummen, wenn er Beweise bringen muß. «Du brauchst mich nicht zu drängen», wird er sagen. «Unter Druck streite ich alles ab. Im übrigen werde ich dir nie mehr etwas verraten.» Im gleichen Augenblick hetzt er dich auf und sucht sich selber aus Gezänk und Streit herauszuhalten. Wer dir nur heimlich etwas sagen will, sagt praktisch nichts. Und was wäre ungerechter, als einem heimlichen Hinweis zu trauen und offen zu zürnen?

(Der Zorn II 29)

«Das hab' ich auch getan!»

Da sagt man, jemand habe schlecht von dir geredet. Denke nach, ob du es zuerst getan hast, denke nach, über wieviele *du* redest! Wir wollen, meine ich, in Rechnung stellen, daß

coactos facere, alios ignorantes, etiam eos, qui volentes scien-
tesque faciunt, ex iniuria nostra non ipsam iniuriam petere: aut
dulcedine urbanitatis prolapsus est aut fecit aliquid, non ut nobis obesset, sed quia consequi ipse non poterat, nisi nos repulis-
set; saepe adulatio, dum blanditur, offendit.

Quisquis ad se rettulerit, quotiens ipse in suspicionem
falsam inciderit, quam multis officiis suis fortuna speciem iniuriae induerit, quam multos post odium amare coeperit, poterit
non statim irasci, utique si sibi tacitus ad singula, quibus offen-
ditur, dixerit: «Hoc et ipse commisi.»

Non expedit omnia videre, omnia audire!

Multae nos iniuriae transeant, ex quibus plerasque non
accipit, qui nescit. Non vis esse iracundus? Ne fueris curiosus!
Qui inquirit, quid in se dictum sit, qui malignos sermones, etiam
si secreto habiti sunt, eruit, se ipse inquietat. Quaedam interpre-
tatio eo perducit, ut videantur iniuriae: itaque alia differenda
sunt, alia deridenda, alia donanda.

die einen kein Unrecht tun, sondern es heimzahlen, daß andere es für uns tun, andere es nur gezwungen tun, andere unwissend, und daß auch die, die es mit Absicht und wissentlich tun, selbst wenn sie uns kränken, nicht die Kränkung als solche im Sinne haben: Entweder konnte sich jemand einen guten Witz nicht verkneifen oder tat etwas nicht, um uns zu schädigen, sondern weil er nur, wenn er uns beiseite stieß, sein Ziel erreichen konnte. Oft auch kränkt Kriecherei, während sie uns schmeicheln will.

Jeder, der sich vor Augen führt, wie oft er selbst in falschen Verdacht geriet, wie vielen seiner Geschäfte der Zufall den Anschein der Unrechtmäßigkeit gab, wie viele Leute er nach anfänglicher Antipathie schätzen lernte, wird nicht sofort in Zorn geraten können, jedenfalls wenn er insgeheim bei jedem einzelnen Ereignis, woran er Anstoß nimmt, zu sich sagt: «Das habe ich auch selbst getan.»   *(Der Zorn II 28)*

Es ist nicht gut, alles zu sehen, alles zu hören

Viele Kränkungen könnten uns erspart bleiben – denn die allermeisten verspürt nicht, wer davon nichts weiß. Du möchtest nicht wütend sein? Sei nicht neugierig! Wer nachforscht, was man gegen ihn gesagt hat, wer spitze Bemerkungen, auch wenn sie nur heimlich fielen, ausspioniert, macht sich selbst das Leben schwer. Bei manchem bringt es erst unsere Deutung dahin, daß es als Beleidigung erscheint. Daher sollte man sich beim einen Zeit lassen, über anderes lachen, anderes verzeihen.

(Der Zorn III 11)

Magna pars querelas manu fecit aut falsa suspicando aut levia aggravando. Saepe ad nos ira venit, saepius nos ad illam. Quae numquam arcessenda est; etiam, cum incidit, reiciatur. Nemo dicit sibi: «Hoc, propter quod irascor, aut feci aut fecisse potui.»

Nemo animum facientis, sed ipsum aestimat factum: atqui ille intuendus est, voluerit an inciderit, coactus sit an deceptus, odium secutus sit an praemium, sibi morem gesserit an manum alteri commodaverit. Aliquid aetas peccantis facit, aliquid fortuna, ut ferre ac pati aut humanum sit aut certe haud humile.

Nemo se differt: atqui maximum remedium irae dilatio est, ut primus eius fervor relanguescat et caligo, quae premit mentem, aut residat aut minus densa sit. Quaedam ex his, quae te praecipitem ferebant, hora, non tantum dies molliet, quaedam ex toto evanescent; si nihil egerit petita advocatio, apparebit iam iudicium esse, non iram. Quicquid voles, quale sit, scire, tempori trade: nihil diligenter in fluctu cernitur.

Hausgemachter Ärger

Großenteils schafft man sich seinen Ärger selbst, entweder durch falschen Verdacht oder, weil man Kleinigkeiten zu ernst nimmt. Oft überfällt uns der Zorn, öfter verfallen wir ihm. Dabei darf man sich ihm nie willentlich überlassen, und wenn er uns überkommt, sollte er zurückgedrängt werden. Niemand sagt zu sich selber: «Das, weswegen ich wütend bin, habe ich getan oder hätte es tun können.»

Niemand denkt, wenn er urteilt, an die Gemütsverfassung des Täters, sondern an die Tat selbst. Und doch sollten wir jenen ins Auge fassen, ob er die Tat willentlich oder unabsichtlich beging, ob gezwungen oder getäuscht, ob er seinem Haß oder der Aussicht auf Gewinn nachgab, ob er eigene Rachsucht stillte oder Handlanger eines anderen war. Einiges bedingt das Alter des Übeltäters, einiges die Umstände, vorausgesetzt daß es menschenmöglich ist, sich geduldig in sie zu schicken, oder wenigstens nicht demütigend.

Niemand läßt sich Zeit; und doch ist es das beste Mittel gegen den Zorn, sich Zeit zu lassen, damit sein erstes Aufbrausen abklingt und das Dunkel, das den Geist erfüllt, sich verzieht oder weniger dicht wird. Manches von dem, was dich hinreißen wollte, wird eine Stunde, nicht erst ein Tag in milderem Licht erscheinen lassen, manches wird sich völlig verflüchtigen; und hat der Aufschub, den man sich gewährt hat, nichts gebracht, zeigt sich zumindest, daß man nun urteilt, nicht wütet. Bei allem, dessen Wert du erkennen möchtest, vertraue der Zeit. Nichts läßt sich im Trubel der Ereignisse sorgfältig prüfen.

(Der Zorn III 12)

Si vis vincere iram, non potest te illa. Incipis vincere, si absconditur, si illi exitus non datur. Signa eius obruamus et illam, quantum fieri potest, occultam secretamque teneamus. Cum magna id nostra molestia fiet, cupit enim exsilire et incendere oculos et mutare faciem; sed si eminere illi extra nos licuit, supra nos est. In imo pectoris secessu recondatur feraturque, non ferat; immo in contrarium omnia eius indicia flectamus: vultus remittatur, vox lenior sit, gradus lentior; paulatim cum exterioribus interiora formantur.

Dure tractandus animus est, ut ictum non sentiat nisi gravem.

In hoc habes aures, ut non modulata tantum et mollia et ex dulci tracta compositaque accipiant: et risum audias oportet et fletum, et blanditias et lites, et prospera et tristia, et hominum voces et fremitus animalium latratusque. Quid miser expavescis

Kämpfe mit dir selbst!

Wenn *du* den Zorn bezwingen willst, schafft er es nicht bei dir. Der erste Schritt zum Sieg ist, wenn er verborgen bleibt, wenn ihm der Ausbruch nicht gestattet wird. Seine Anzeichen wollen wir unterdrücken und ihn, soweit es möglich ist, in unserem Inneren verstecken. Das wird nur unter großer Beschwernis für uns gelingen, er will nämlich heraustreten und die Augen entzünden und die Züge verzerren; doch wenn er aus uns hervorbrechen durfte, ist er uns über. Ganz tief in der Brust sei er vergraben, beherrscht, nicht beherrschend. Nein, ins Gegenteil wollen wir alle seine Merkmale verwandeln; unsere Miene sei entspannt, die Stimme sanfter, der Gang ruhiger. Allmählich wird mit dem Äußeren das Innere veredelt.   *(Der Zorn III 13)*

«...werde hart!»

Abhärtung braucht die Seele, damit sie keine anderen Schläge spürt als schwere.   *(Der Zorn II 25)*

Dazu hast du Ohren, daß du nicht nur Wohlklingendes und Zartes und reichlich mit Honigseim Versetztes zu hören bekommst: Auch Gelächter mußt du vernehmen und Weinen, Schmeichelei und Gezänk, Erfreuliches und Betrübliches,

ad clamorem servi, ad tinnitum aeris aut ianuae impulsum? Cum tam delicatus fueris, tonitrua audienda sunt.

Hoc, quod de auribus dictum est, transfer ad oculos, qui non minus fastidio laborant, si male instituti sunt: macula offenduntur et sordibus et argento parum splendido et stagno non ad solum perlucente. Hi nempe oculi, qui non ferunt nisi varium ac recenti cura nitens marmor, qui mensam nisi crebris distinctam venis, qui nolunt domi nisi auro pretiosiora calcare, aequissimo animo foris et scabras lutosasque semitas spectant et maiorem partem occurrentium squalidam, parietes insularum exesos, rimosos, inaequales.

Quid ergo aliud est, quod illos in publico non offendat, domi moveat quam opinio illic aequa et patiens, domi morosa et querula?

Quicquam ergo pulchrius hac consuetudine excutiendi totum diem? Qualis ille somnus post recognitionem sui sequitur: quam tranquillus, quam altus ac liber, cum aut laudatus est animus aut admonitus et speculator sui censorque secretus cognovit de moribus suis.

Menschenworte und das Schnauben der Tiere und Gebell. Warum, du Elender, fährst du zusammen, wenn ein Sklave schreit, ein Becken klirrt oder eine Tür zufällt? Obwohl du so empfindlich bist, mußt du Donnerschläge anhören!

Was eben über die Ohren gesagt wurde, gilt auch für die Augen, die ebenso unter Empfindlichkeit leiden, wenn man sie schlecht erzogen hat: Ein Fleck beleidigt sie und Schmutz und Tafelsilber, das nicht recht glänzt, und ein Schwimmbad, bei dem man nicht bis auf den Boden sehen kann. Doch diese Augen, die es unerträglich finden, wenn der Marmor nicht schimmert und frisch auf Hochglanz poliert ist, wenn die Tischplatte nicht reiche Maserung aufweist, Augen, die sich wünschen, daß man im Hause nur über Böden geht, wertvoller noch als Gold, die schauen höchst gleichgültig außer Haus auf rauhe, dreckige Trampelpfade, auf die großenteils schmutzbedeckten Leute, die ihnen begegnen, und auf die verwitterten Mauern der Mietshäuser mit ihren Rissen und Unebenheiten.

Was ist es demnach sonst, was sie in der Öffentlichkeit nicht Anstoß nehmen läßt und daheim erbost, als ihre Einstellung, dort gelassen und tolerant, zu Hause pedantisch und mit nichts zufrieden? *(Der Zorn III 35)*

Selbsterkundung

Was ist besser als die Gewohnheit, den ganzen abgelaufenen Tag kritisch durchzugehen? Und welch ein Schlaf stellt sich nach der Selbsterkundung ein! Wie friedvoll, wie tief und sorglos, wenn die Seele entweder entlastet oder ermahnt wurde und

Utor hac potestate et cotidie apud me causam dico. Cum sublatum e conspectu lumen est et conticuit uxor moris iam mei conscia, totum diem meum scrutor factaque ac dicta mea remetior; nihil mihi ipse abscondo, nihil transeo. Quare enim quicquam ex erroribus meis timeam, cum possim dicere: «Vide, ne istud amplius facias, nunc tibi ignosco. In illa disputatione pugnacius locutus es: noli postea congredi cum imperitis; nolunt discere, qui numquam didicerunt. Illum liberius admonuisti quam debebas; itaque non emendasti, sed offendisti.

In convivio quorundam te sales et in dolorem tuum iacta verba tetigerunt: vitare vulgares convictus memento; solutior est post vinum licentia, quia ne sobriis quidem pudor est. Iratum vidisti amicum tuum ostiario causidici alicuius aut divitis, quod intrantem summoverat, et ipse pro illo iratus extremo mancipio fuisti: irasceris ergo catenario cani? Et hic, cum multum latravit, obiecto cibo mansuescit. Recede longius et ride! Nunc iste se aliquem putat, quod custodit litigatorum turba limen obsessum; nunc ille, qui intra iacet, felix fortunatusque est et beati hominis iudicat ac potentis indicium difficilem ianuam: nescit durissimum esse ostium carceris.

der Selbstprüfer und heimliche Richter sich zu seinem Lebenswandel verhörte!

Ich nütze diese Möglichkeit und verantworte mich täglich vor mir selbst. Wenn man die Lampe weggetragen hat und meine Frau verstummt ist, da sie meine Gepflogenheit bereits kennt, gehe ich meinen ganzen Tageslauf durch und überdenke nochmals mein Handeln und Reden. Nichts verheimliche ich mir, nichts übergehe ich. Weshalb sollte ich etwas infolge meiner Irrtümer zu besorgen haben, wenn ich doch sagen kann: «Sieh zu, daß du das nicht weiterhin tust! Für heute verzeihe ich dir. In jener Debatte hast du zu eigensinnig deinen Standpunkt vertreten. Laß dich in Zukunft nicht mit ungebildeten Menschen ein: Nicht lernen will, wer nie gelernt hat. Den dort hast du rücksichtsloser kritisiert als du es gedurft hättest. Darum hast du ihn nicht gebessert, sondern beleidigt».

Bei einer Einladung haben dich der ätzende Spott bestimmter Leute und beiläufige Äußerungen, die dich ärgern sollten, getroffen. Meide gemeinen Umgang, denk daran! Noch hemmungsloser ist nach dem Gelage die Unverschämtheit, weil solche Leute nicht einmal nüchtern Schamgefühl besitzen. Entrüstet sahst du deinen Freund über den Portier irgendeines Anwalts oder eines Reichen, weil er ihn nicht vorgelassen hatte, und du selbst hast dich für ihn entrüstet über einen ganz verächtlichen Sklaven. Also bist du wütend auf einen Kettenhund? Auch der wird, hat er lang genug gebellt, sobald man einen Brokken hinwirft, zahm. Nimm etwas Abstand und lache! Jetzt hält sich der Bursche für weiß Gott was, weil er Wächter einer von prozessierenden Parteien belagerten Haustür ist; jetzt ist der

Praesume animo multa tibi esse patienda: numquis se hieme algere miratur? Numquis in mari nausiare, in via concuti? Fortis est animus, ad quae praeparatus venit.

Marcet sine adversario virtus; tunc apparet, quanta sit quantumque polleat, cum, quid possit, patientia ostendit. Scias licet idem viris bonis esse faciendum, ut dura ac difficilia non reformident nec de fato querantur, quicquid accidit boni consulant, in bonum vertant.

Non quid, sed quemadmodum feras interest.

Patrium deus habet adversus bonos viros animum et illos fortiter amat et: «Operibus», inquit, «doloribus, damnis exagitentur, ut verum colligant robur.»

Languent per inertiam saginata nec labore tantum, sed motu et ipso sui onere deficiunt. Non fert ullum ictum illaesa felicitas; at cui assidua fuit cum incommodis suis rixa, callum per

drinnen in seinem Bett beglückt und selig und meint, es sei für einen glücklichen und mächtigen Mann kennzeichnend, daß man nur schwer über seine Schwelle kommt. Er weiß es nicht: Am schwersten öffnet sich die Tür eines Kerkers!

Stelle dich darauf ein, daß du viel auszuhalten hast! Wer wundert sich darüber, daß ihn im Winter friert? Wer, daß er auf dem Meer seekrank, daß er auf einer Reise durchgeschüttelt wird? Tapfer ist man dem gegenüber, dem man sich vorbereitet nähert.   *(Der Zorn III 36 f.)*

Heilsame Unbill

Tapferkeit ohne Widerpart erlahmt. Dann erst zeigt sie, wie groß sie ist und was sie vermag, wenn im Durchhalten sich ihre Stärke offenbart. Du solltest dir bewußt sein, daß gute Männer dasselbe tun müssen, so daß sie Hartes und Schweres nicht scheuen und nicht über ihr Schicksal klagen, daß sie alles, was geschieht, als gut annehmen und zum Guten wenden.

Nicht was, sondern wie man erträgt, ist wichtig.

Ein Vaterherz hat Gott für gute Menschen, er liebt sie kraftvoll und spricht: «Mit Mühen, Schmerzen und Verlusten sollen sie sich herumschlagen, daß sie wahre Kraft sammeln.»

Schlapp bleibt, was sich beim Nichtstun mästet: Nicht Anstrengung allein, sondern schon Bewegung und das eigene Gewicht führen zur Erschöpfung. Keinen Schicksalsschlag er-

iniurias duxit, nec ulli malo cedit, sed, etiam si cecidit, de genu pugnat.

«Nihil», inquit, «mihi videtur infelicius eo, cui nihil umquam evenit adversi.» Non licuit enim illi se experiri. Ut ex voto illi fluxerint omnia, ut ante votum, male tamen de illo dii iudicaverunt: indignus visus est, a quo vinceretur aliquando fortuna, quae ignavissimum quemque refugit, quasi dicat: «Quid ego istum mihi adversarium assumam? Statim arma submittet. Non opus est in illum tota potentia mea; levi comminatione pelletur: non potest sustinere vultum meum. Alius circumspiciatur, cum quo conferre possimus manum. Pudet congredi cum homine vinci parato.»

Prosperae res et in plebem ac vilia ingenia deveniunt; at calamitates terroresque mortalium sub iugum mittere proprium magni viri est. Semper vero esse felicem et sine morsu animi transire vitam ignorare est rerum naturae alteram partem.

Magnus vir es? Sed unde scio, si tibi fortuna non dat facultatem exhibendae virtutis?

trägt ein nie getrübtes Glück, doch wer ständig mit den eigenen Schwierigkeiten zu kämpfen hatte, der bekam Schwielen gegen die Schläge; er weicht vor keinem Übel, und wenn er stürzte, kämpft er kniend weiter.

(Die Vorsehung 2)

«Nichts», so sprach einmal mein Freund Demetrius, «scheint mir unglücklicher als einer, dem nie irgend etwas Widriges zugestoßen ist.» Ein solcher Mensch hatte nämlich nicht die Möglichkeit, sich zu prüfen. Gesetzt, alles gelang ihm, wie er's wünschte, gesetzt sogar, bevor er's wünschte, so haben doch die Götter ein schlimmes Urteil über ihn gefällt: Unwert schien er ihnen, einmal das Schicksal zu überwinden, das gerade den größten Feiglingen aus dem Weg geht, als wollte es sagen: «Wozu soll ich mir den Kerl da zum Gegner nehmen? Auf der Stelle wird er die Waffen strecken! Gegen ihn braucht es nicht meine ganze Macht; eine leise Drohung wird ihn in die Flucht schlagen; er kann meinen finsteren Blick nicht ertragen. Sehen wir uns nach einem anderen um, mit dem ich handgemein werden kann! Eine Schande wär's, mit einem Menschen zu kämpfen, der zur Niederlage bereit ist.»

(Die Vorsehung 3)

Glück kommt auch zum Pöbel hinab und zu minderwertigen Geistern. Aber das Unglück und die Schrecknisse der Menschen unters Joch zu schicken, das eignet einem großen Mann. Stets glücklich zu sein und ohne Seelenwunde durchs Leben zu gehen, das bedeutet Unkenntnis der anderen Seite unserer Welt.

Du bist ein großer Mann? Doch woher soll ich das wissen, wenn dir das Schicksal nicht die Chance bietet, dich als Mann zu zeigen?

Idem dicere et bono viro possum, si illi nullam occasionem difficilior casus dedit, in qua vim animi sui ostenderet: «Miserum te iudico, quod numquam fuisti miser. Transisti sine adversario vitam; nemo sciet, quid potueris, ne tu quidem ipse.»

Opus est enim ad notitiam sui experimento:

Unde possum scire, quantum adversus paupertatem tibi animi sit, si divitiis diffluis? Unde possum scire, quantum adversus ignominiam et infamiam odiumque populare constantiae habeas, si inter plausus senescis, si te inexpugnabilis et inclinatione quadam mentium pronus favor sequitur? Unde scio, quam aequo animo laturus sis orbitatem, si, quoscumque sustulisti, vides?

Audivi te, cum alios consolareris; tunc conspexissem, si te ipse consolatus esses, si te ipse dolere vetuisses.

Nolite, obsecro vos, expavescere ista, quae dii immortales velut stimulos admovent animis: calamitas virtutis occasio est.

Ähnlich könnte ich auch mit einem tüchtigen Mann sprechen, wenn ihm kein ungünstigeres Ereignis Gelegenheit gab, seine Seelenstärke zu zeigen: «Bedauernswert muß ich dich nennen, weil du nie bedauernswert warst. Du bist ohne Gegner durchs Leben gegangen; so wird niemand wissen, wozu du fähig warst, nicht einmal du selbst.»

Man braucht, um sich zu kennen, eine Prüfung.

(Die Vorsehung 4)

Woher kann ich wissen, wieviel Seelenstärke du angesichts der Armut aufbringst, wenn du im Geld schwimmst? Woher kann ich wissen, wieviel Unerschütterlichkeit du angesichts von Beschimpfung und Rufmord und öffentlicher Anfeindung besitzt, wenn du bis ins Alter Beifall findest, wenn dir beständig aus dem Herzen kommende Sympathie zuteil wird? Woher weiß ich, wie gelassen du den Verlust deiner Kinder tragen wirst, wenn du alle, die du als die deinen von der Erde aufnahmst, am Leben siehst?

Ich habe dir zugehört, als du andere getröstet hast. Doch dann erst hätte ich in dein Herz geblickt, wenn du dich selbst getröstet, wenn du dir selbst den Schmerz versagt hättest.

Nein, ich beschwöre euch, erbebt nicht davor, wenn die unsterblichen Götter euer Herz sozusagen die Peitsche fühlen lassen: Unglück ist die Chance, sich als Mann zu zeigen.

Illos merito quis dixerit miseros, qui nimia felicitate tor-
pescunt, quos velut in mari lento tranquillitas iners detinet.
Quicquid illis inciderit, novum veniet: magis urgent saeva inex-
pertos; grave est teneris cervicibus iugum; ad suspicionem vulneris tiro pallescit, audacter veteranus cruorem suum spectat,
qui scit se saepe vicisse post sanguinem.

Hos itaque deus, quos probat, quos amat, indurat, reco-
gnoscit, exercet; eos autem, quibus indulgere videtur, quibus
parcere, molles venturis malis servat.

Erratis enim, si quem iudicatis exceptum: veniet ad illum
diu felicem sua portio; quisquis videtur dimissus esse, dilatus
est.

Quare deus optimum quemque aut mala valetudine aut
luctu aut aliis incommodis afficit? Quia in castris quoque pericu-
losa fortissimis imperantur: dux lectissimos mittit, qui nocturnis
hostes aggrediantur insidiis aut explorent iter aut praesidium
loco deiciant. Nemo eorum, qui exeunt, dicit: «Male de me im-
perator meruit», sed: «Bene iudicavit.»

Item dicant, quicumque iubentur pati timidis ignavisque
flebilia: «Digni visi sumus deo, in quibus experiretur, quantum
humana natura posset pati.»

Jene darf man wahrhaft elend nennen, die in allzugroßem Glück hindämmern, die wie auf ruhiger See Windstille träge macht. Alles, was ihnen zustößt, kommt unverhofft; ärger setzt grimmiger Schmerz denen zu, die ihn nie kennenlernten. Schwer ist für einen weichen Nacken das Joch; schon die Ahnung, er sei verwundet, läßt einen Rekruten erblassen; furchtlos sieht der Veteran die roten Flecken: er weiß, daß er oft siegte, nachdem er Blut vergoß.

Die also, die Gott anerkennt und die er liebt, die stählt, prüft und schleift er. Die aber, die er scheinbar mild behandelt, die er schont, spart er verzärtelt auf für kommendes Unheil.

Ihr täuscht euch nämlich, wenn ihr meint, jemand bleibe davon ausgenommen. Es fällt auch jenem lang von Glück Verwöhnten sein Anteil zu; jeder, der davon freigestellt scheint, wurde nur zurückgestellt.

Weshalb schlägt Gott gerade die besten mit Krankheit und Leid und anderen Plagen? Weil auch im Krieg gefährliche Aufgaben den Tapfersten anvertraut werden. Der Heerführer schickt sorgsam ausgewählte Leute, die den Feind nachts aus dem Hinterhalt angreifen oder den Weg erkunden oder eine Besatzung aus ihrer Stellung werfen sollen. Keiner von denen, die ausrücken, sagt: «Übel hat der General mir mitgespielt!», sondern: «Gut hat er entschieden.» Dasselbe sollen alle sagen, die man dulden läßt, worüber Ängstliche und Feige jammern. «Wir schienen vor Gott würdig, um an uns zu erproben, wieviel die menschliche Natur zu ertragen vermag.»

Fugite delicias, fugite enervatam felicitatem, qua animi permadescunt, nisi aliquid intervenit, quod humanae sortis admoneat, velut perpetua ebrietate sopiti.

Quid mirum, si dure generosos spiritus deus tentat? Numquam virtutis molle documentum est. Verberat nos et lacerat fortuna? Patiamur: non est saevitia; certamen est, quod quo saepius adierimus, fortiores erimus.

Solidissima corporis pars est, quam frequens usus agitavit. Praebendi fortunae sumus, ut contra illam ab ipsa duremur: paulatim nos sibi pares faciet, contemptum periculorum assiduitas periclitandi dabit.

Ut efficiatur vir cum cura dicendus, fortiore texto opus est. Non erit illi planum iter: sursum oportet ac deorsum eat, fluctuetur ac navigium in turbido regat; contra fortunam illi tenendus est cursus. Multa accident dura, aspera, sed quae molliat et complanet ipse.

Ignis aurum probat, miseria fortes viros.

Humilis et inertis est tuta sectari; per alta virtus it.

Flieht das Vergnügen, flieht ein Glück, das euch matt und benommen macht, sofern nichts dazwischenkommt, das an euer Menschenlos erinnern könnte, benommen wie Leute, die im Dauerrausch verdämmern!

Ist's ein Wunder, wenn mit Härte Gott die edlen Geister prüft? Nie läßt sich Stärke durch eine gelinde Probe erweisen. Zerschlägt und peinigt uns das Schicksal? Wir wollen es ertragen: Nicht blindes Wüten ist's, es ist ein Wettstreit, und je häufiger wir uns darauf einlassen, um so tapferer werden wir.

Am festesten ist unser Körper dort, wo ihn beständige Übung stählte. Preisgeben müssen wir uns dem Schicksal, um dagegen eben dadurch hart zu werden. Allmählich wird es uns zu Gegnern machen, die ihm gewachsen sind, und Gefahren zu verachten wird uns dauernde Gefährdung lehren. *(Die Vorsehung 4)*

Damit ein Mann geschaffen wird, über den man mit Anteilnahme sprechen kann, braucht es ein stärkeres Gerüst. Er hat keine bequeme Reise vor sich; hoch muß er hinauf und in die Tiefe, durch die Meere treiben und sein Schiff bei rauher See lenken. Dem Schicksal muß er entgegensteuern. Viel Hartes, Widriges wird ihm zustoßen, doch nur, daß er es bewältigt und niederzwingt – aus eigener Kraft!

Feuer prüft Gold, Unbill mutige Männer.

Kleinmütige und Schwächlinge suchen den sicheren Weg. Über Gipfel geht der Held. *(Die Vorsehung 5)*

Cum omnia, quae excesserunt modum, noceant, periculosissima felicitatis intemperantia est: movet cerebrum, in vanas mentem imagines evocat, multum inter falsum ac verum mediae caliginis fundit. Quidni satius sit perpetuam infelicitatem advocata virtute sustinere quam infinitis atque immodicis bonis rumpi?

«At morbi doloresque incurrunt.» Utique aliquo defungendum est domicilium putre sortitis.

Qui mortem timebit, nihil umquam pro homine vivo faciet; at qui sciet hoc sibi, cum conciperetur, statim condictum, vivet ad formulam et simul illud quoque eodem animi robore praestabit, ne quid ex iis, quae eveniunt, subitum sit. Quicquid enim fieri potest, quasi futurum sit, prospiciendo malorum omnium impetus molliet, qui ad praeparatos exspectantesque nihil afferunt novi, securis et beata tantum spectantibus graves veniunt.

Das größte Unglück: zu großes Glück

Wenngleich alles, was das rechte Maß überschreitet, Schaden bringt, ist doch am gefährlichsten die Maßlosigkeit im Glück: Sie verwirrt den Verstand, sie verlockt das Herz zu eitlen Phantasien, sie verbreitet dichtes Dunkel, das Falsches und Wahres nicht mehr trennen läßt. Wieso sollte es nicht besser sein, dauerndes Unglück, wenn man die Tugend um Beistand bittet, zu ertragen, als inmitten von maß- und grenzenlosem Besitz sich zu zerschleißen? *(Die Vorsehung 4)*

In der Bruchbude

«Doch Kümmernis und Schmerzen befallen uns.»
Mit irgendetwas müssen wir halt fertig werden, nachdem wir eine baufällige Behausung bekommen haben. *(Der Zorn II 28)*

Wer den Tod fürchtet, wird nie etwas so wie ein lebensfroher Mensch tun. Wer aber weiß, daß ihm dieses Los schon seit dem Augenblick, als er empfangen wurde, bestimmt ist, wird entsprechend dieser Bestimmung leben und eben durch seine Seelenstärke auch das erreichen, daß ihn kein Ereignis unvermutet trifft. Indem er nämlich auf alles, was geschehen kann, gefaßt ist, als würde es geschehen, lindert er die Wucht aller

Morbus est, captivitas, ruina, ignis: nihil horum repen-
tinum est. Sciebam, in quam tumultuosum me contubernium natura clusisset. Totiens in vicinia mea conclamatum est; totiens
praeter limen immaturas exsequias fax cereusque praecessit;
saepe a latere ruentis aedificii fragor sonuit; multos ex iis, quos
forum, curia, sermo mecum contraxerat, nox abstulit et iunctas
sodalium manus copulatas interscidit: mirer ad me aliquando
pericula accessise, quae circa me semper erraverint? Magna
pars hominum est, quae navigatura de tempestate non cogitat.

Numquam me in re bona mali pudebit auctoris: Publilius,
tragicis comicisque vehementior ingeniis, quotiens mimicas in-
eptias et verba ad summam caveam spectantia reliquit, inter
multa alia cothurno, non tantum sipario fortiora et hoc ait:
Cuivis potest accidere, quod cuiquam potest.
Hoc si quis in medullas demiserit et omnia aliena mala,
quorum ingens cotidie copia est, sic aspexerit, tamquam liberum
illis et ad se iter sit, multo ante se armabit quam petatur. Sero
animus ad periculorum patientiam post pericula instruitur.

Schicksalsschläge, die jemandem, der auf sie vorbereitet ist und sie erwartet, nichts Unverhofftes bringen, aber Menschen, die sich geborgen glauben und nur nach Glück ausschauen, schwer heimsuchen.

Krankheit, Gefangenschaft, Zerstörung, Feuer – nichts davon kommt unvermutet. Ich wußte längst, in welch ungemütliches Quartier mich die Natur gesteckt hat. So oft hat man in meiner Nachbarschaft die Totenklage angestimmt; so oft trug man an meiner Schwelle einem zu früh Verstorbenen Fackeln und Kerzen voraus; oft war aus der Umgebung das Krachen eines Hauseinsturzes zu hören. Viele von denen, die das Forum, das Rathaus, das gelehrte Gespräch mir nahegebracht hatte, hat mir die Todesnacht geraubt und die eng verschlungenen Hände der Gefährten auseinandergerissen.

Sollte ich mich wundern, daß auch ich irgendwann von den Gefahren bedroht bin, die sich stets rings um mich allgegenwärtig zeigten? Ein Großteil der Menschen denkt vor einer Seefahrt nicht an den Sturm.

Niemals will ich mich in einer guten Sache eines schlechten Gewährsmannes schämen: Publilius Syrus, wortgewaltiger als die großen Tragiker und Komiker, sobald er auf die Albernheiten der Posse und auf Späße für die Galerie verzichtete, sagte unter anderem, was selbst im Trauerspiel, nicht nur in einer Farce, ganz starken Eindruck hätte machen können, auch folgendes:

Jedweden kann das treffen, was überhaupt wen treffen kann.

Wenn einer diesen Satz beherzigt und alles fremde Unglück, wo-

Qui rationi innixus per humanos casus divino incedit animo, non habet, ubi accipiat iniuriam: ab homine me tantum dicere putas? Ne a fortuna quidem, quae, quotiens cum virtute congressa est, numquam par recessit.

«Non putavi hoc futurum» et: «Umquam tu hoc eventurum credidisses?» Quare autem non? Quae sunt divitiae, quas non egestas et fames et mendicitas a tergo sequatur? Quae dignitas, cuius non praetextam et augurale et lora patricia sordes comitentur et exprobratio notae et mille maculae et extrema contemptio? Quod regnum est, cui non parata sit ruina et proculcatio et dominus et carnifex? Nec magnis ista intervallis divisa, sed horae momentum interest inter solium et aliena genua.

von es ja täglich eine ganze Menge gibt, so betrachtet, als könnte es ohne weiteres auch über ihn kommen, wird er sich weit eher rüsten, als er heimgesucht wird. Zu spät wappnet sich die Seele, Gefahren zu ertragen, im Anblick der Gefahr. *(Die Seelenruhe 11)*

Völlig geborgen

Wer sich auf seine Vernunft verläßt und durch die Wechselfälle seines Menschenlebens mit gotterfülltem Herzen geht, hat nichts, wo er ein Unrecht leiden könnte. Durch einen Menschen nur, meinst du? Ich behaupte: Nicht einmal durch das Schicksal, das sich immer, wenn es sich mit einem vollkommenen Mann messen wollte, geschlagen geben mußte.

(Die Unerschütterlichkeit des Weisen 8)

«Das hätt' ich nicht gedacht!»

«Ich hätte nicht geglaubt, daß das geschehen würde», und: «Hättest du je vermutet, daß das vorkommen könnte?» Warum denn nicht? Was ist das für ein Reichtum, hinter dem nicht bittere Armut und Hunger und Bettlerelend herschlichen? Was ist das für eine hohe Stellung, bei der nicht zum Staatsgewand und Feldherrnzelt und Schnürschuh des Patriziers auch schmutziger Vorwurf und schimpfliche Brandmarkung und tausend Makel und äußerste Verachtung kommen könnten? Was ist das für ein König, dem nicht sein Sturz, seine Erniedrigung, sein Gebieter und sein Henker schon bestimmt wären? Und das alles trennen keine gewaltigen Zeiträume: Nur eine kurze Stunde liegt zwischen Thron und Fußfall.

Scito ergo omnem condicionem versabilem esse et, quicquid in ullum incurrit, posse in te quoque incurrere.

In tanta rerum sursum ac deorsum euntium versatione si non, quicquid fieri potest, pro futuro habes, das in te vires rebus adversis, quas infregit, quisquis prior vidit.

Omnia leviora accident exspectantibus.

Reverti, unde veneris, quid grave est? Male vivet, quisquis nesciet bene mori.

Sei dir daher bewußt, daß jede Lage wandelbar ist und alles, was irgendjemandem zustößt, auch dir zustoßen kann.

(Die Seelenruhe 12)

Sieh dich vor!

Wenn du bei solchem Auf und Nieder im Wandel der Verhältnisse nicht alles, was geschehen kann, bestimmt erwartest, gibst du dem Unglück Kräfte gegen dich, die ein jeder bricht, der sich vorsah.

(Die Seelenruhe 11)

Alles kommt weniger schlimm, wenn man mit allem rechnet.

(Die Unerschütterlichkeit des Weisen 19)

Warum den Tod fürchten?

Dorthin zurückzukehren, von wo man kam – was ist daran schwer? Übel lebt ein jeder, der nicht gut zu sterben weiß.

(Die Seelenruhe 11)

Nihil tamen aeque oblectaverit animum quam amicitia fidelis et dulcis. Quantum bonum est, ubi praeparata sunt pectora, in quae tuto secretum omne descendat, quorum conscientiam minus quam tuam timeas, quorum sermo sollicitudinem leniat, sententia consilium expediat, hilaritas tristitiam dissipet, conspectus ipse delectet!

Quos scilicet vacuos, quantum fieri poterit, a cupiditatibus eligemus: serpunt enim vitia et in proximum quemque transiliunt et contactu nocent. Itaque, ut in pestilentia curandum est, ne correptis iam corporibus et morbo flagrantibus assideamus, quia pericula trahemus afflatuque ipso laborabimus, ita in amicorum legendis ingeniis dabimus operam, ut quam minime inquinatos assumamus: initium morbi est aegris sana miscere.

Freundschaften, Feindschaften

Ein Freund, ein guter Freund...

Nichts wird wohl das Herz in gleicher Weise ergötzen wie die Freundschaft, wenn sie aufrichtig und innig ist. Was für ein Glück ist es, wenn man Menschen hat, denen man sorglos jedes Geheimnis anvertrauen kann, deren Mitwissen man weniger fürchten muß als das eigene, deren Worte den Kummer lindern, deren Vorschlag Rat schafft, deren Heiterkeit üble Laune schwinden läßt, deren bloßer Anblick erfreut!

Dazu suchen wir uns, soweit das möglich ist, Menschen ohne schlechte Neigungen, denn die Laster verbreiten sich unmerklich, springen auf den jeweils Nächsten über und schaden durch ihr böses Beispiel. Wie wir uns daher bei einer Seuche vorsehen müssen, daß wir uns nicht zu schon Erkrankten, Fieberglühenden setzen, weil wir uns gefährden und uns durch den bloßen Anhauch das Leiden zuziehen können, so werden wir bei der Auswahl unserer Freunde auf ihr Wesen achten, um möglichst unverdorbene zu erhalten. Anfang der Krankheit ist es, wenn dem Kranken Gesundes nahekommt. *(Die Seelenruhe 7)*

Errat, si quis existimat facilem rem esse donare: plurimum ista res habet difficultatis, si modo consilio tribuitur, non
casu et impetu spargitur. Hunc promereor, illi reddo: huic suc-
curro, huius misereor; illum instruo dignum, quem non deducat
paupertas nec occupatum teneat.

Quibusdam non dabo, quamvis desit, quia etiam, si de-
dero, erit defuturum; quibusdam offeram, quibusdam etiam in-
culcabo. Non possum in hac esse re neglegens; numquam magis
nomina facio quam cum dono. «Quid tu», inquis, «recepturus
donas?» Immo non perditurus.

Eo loco sit donatio, unde repeti non debeat, reddi possit.
Beneficium collocetur, quemadmodum thesaurus alte obrutus,
quem non eruas, nisi fuerit necesse.

Non est in rixam colluctationemque veniendum. Procul
auferendi pedes sunt.

Die schwere Kunst des Schenkens

Der irrt, der Schenken für eine leichte Sache hält: In Menge stellen sich die Schwierigkeiten ein, wenn man nur mit Überlegung gibt und nicht nach Lust und Laune austeilt. Dem einen erweise ich einen Dienst, dem anderen bezahle ich eine Schuld; dem greife ich unter die Arme, des anderen erbarme ich mich, und bei jenem lege ich zu, weil er's verdient, daß ihn die Armut nicht herunterzieht und hart bedrückt.

Manchen gebe ich nicht, obschon nichts da ist, denn selbst wenn ich gebe, wird bald nichts mehr da sein. Manchen werde ich etwas anbieten, anderen es sogar aufnötigen. Ich kann bei solchem Tun nicht unbedacht vorgehen. Nie führe ich das Schuldbuch genauer als wenn ich schenke. «Was?» wirfst du ein, «du willst etwas zurückbekommen, wenn du schenkst?» Nein, ich will nur nichts verlieren.

Da ist ein Geschenk gut aufgehoben, von wo es nicht wieder verlangt werden darf, jedoch wieder vergolten werden kann. Eine Wohltat sei eine sichere Anlage, gleich einem tief vergrabenen Schatz, den man nur dann ausgräbt, wenn es nötig ist.

(Das glückliche Leben 24)

Streit vermeiden

Man sollte sich nie auf Gezänk und Gerangel einlassen, sondern die Füße in die Hand nehmen – und fort!

(Die Unerschütterlichkeit des Weisen 19)

Cum pare contendere anceps est, cum superiore furiosum, cum inferiore sordidum.

Irascetur aliquis: tu contra beneficiis provoca; cadit statim simultas ab altera parte deserta; nisi paria non pugnant. Sed utrimque certabit ira, concurritur: ille est melior, qui prior pedem rettulit, victus est, qui vicit.

Nihil est simultatibus gravius: has ira conciliat; nihil est bello funestius: in hoc potentium ira prorumpit; ceterum etiam illa plebeia ira et privata inerme et sine viribus bellum est. Praeterea ira, ut seponamus, quae mox secutura sunt, damna, insidias, perpetuam ex certaminibus mutuis sollicitudinem, dat poenas, dum exigit; naturam hominis eiurat: illa in amorem hortatur, haec in odium; illa prodesse iubet, haec nocere.

Vides istos, qui eloquentiam laudant, qui opes sequuntur, qui gratiae adulantur, qui potentiam extollunt? Omnes aut sunt hostes aut, quod in aequo est, esse possunt: quam magnus mirantium, tam magnus invidentium populus est. Quin potius quaero aliquod usu bonum, quod sentiam, non quod ostendam? Ista, quae spectantur, ad quae consistitur, quae alter alteri stupens monstrat, foris nitent, introrsus misera sunt.

Mit einem gleichstarken Gegner zu streiten ist riskant, mit einem überlegenen wahnwitzig, mit einem unterlegenen schimpflich.

(Der Zorn II 34)

Jemand ist wütend. Du indessen sei ihm gefällig und bring ihn dahin, es dir nachzutun. Gleich schwindet die Feindschaft, wenn eine Seite davon abläßt. Doch beide ereifern sich im Zorn; es kommt zum Konflikt. Nun ist besser, wer zuerst nachgibt; der Besiegte ist der Sieger.

(Der Zorn II 34)

Nichts ist ärger als Feindschaften. Die erregt der Zorn. Nichts ist verderblicher als der Krieg. Dazu versteigt sich der Zorn der Mächtigen. Im übrigen ist auch der Groll unter ganz gewöhnlichen Leuten ein ohne Waffen und Soldaten geführter Krieg. Zudem muß der Zorn – um von dem abzusehen, was gleich folgen wird: Verluste, Anschläge, ständige Unruhe im Hin und Her des Streits – schon Strafe leiden, während er bestraft: Er entäußert sich der Menschlichkeit. Sie mahnt zur Liebe, er zum Haß, sie heißt helfen, er schaden.

(Der Zorn III 5)

Du siehst die Leute da, die meine Rednergabe loben, die hinter meinem Reichtum her sind, die um meine Gunst buhlen, die meinen Einfluß rühmen. Sie alle sind entweder meine Feinde oder, was auf dasselbe hinausläuft, könnten es sein. Ebensogroß wie die Schar der Bewunderer ist die der Neider. Wieso strebe ich nicht nach etwas, das erwiesenermaßen ein Gut ist, dessen ich gewiß sein kann und das ich nicht herzuzeigen brauche? Das, was ins Auge fällt, wovor man stehen bleibt, was man einander staunend zeigt, glänzt nur äußerlich; inwendig ist's jämmerlich.

(Das glückliche Leben 2)

Illud non veniet in dubium, quin se exemerit turbae et altius steterit, quisquis despexit lacessentis: proprium est magnitudinis verae non sentire percussum.

Primum facilius est excludere perniciosa quam regere et non admittere quam admissa moderari; nam cum se in possessione posuerunt, potentiora rectore sunt nec recidi se minuive patiuntur.

Deinde ratio ipsa, cui freni traduntur, tam diu potens est, quam diu diducta est ab affectibus; si miscuit se illis et inquinavit, non potest continere, quos summovere potuisset. Commota enim semel et excussa mens ei servit, quo impellitur.

Quarundam rerum initia in nostra potestate sunt, ulteriora nos vi sua rapiunt nec regressum relinquunt.

Ut in praeceps datis corporibus nullum sui arbitrium est nec resistere morarive deiecta potuerunt, sed consilium omne et paenitentiam irrevocabilis praecipitatio abscidit et non licet eo non pervenire, quo non ire licuisset, ita animus, si in iram, amorem aliosque se proiecit affectus, non permittitur reprimere impetum; rapiat illum oportet et ad imum agat pondus suum et vitiorum natura proclivis.

Daran gibt es keinen Zweifel, daß derjenige sich von der Masse abhebt und über ihr steht, der auf Beleidiger herabschaut. Es ist kennzeichnend für wahre Größe, Kränkung nicht zu fühlen.

(Der Zorn III 25)

Wehre den Anfängen!

Erstens ist es leichter, Schädliches von sich fern als unter Kontrolle zu halten, es nicht an sich heranzulassen als ihm danach ein Maß zu setzen. Denn wenn es sich erst eingenistet hat, ist es stärker als der, der es zügeln will, und duldet weder Beschränkung noch Minderung.

Zweitens hat die Vernunft selbst, wenn man ihr die Zügel überläßt, nur so lange die Oberhand, wie sie eine klare Trennlinie zu den Leidenschaften ziehen kann. Hat sie sich mit ihnen eingelassen und sich besudelt, kann sie nicht mehr bändigen, was sie hätte austreiben können. Einmal erschüttert und aus der Bahn geworfen, ist der Geist dem untertan, was ihn straucheln ließ.

Manches steht nur ganz zu Anfang in unserer Macht; später reißt es uns durch seine Dynamik mit sich fort und erlaubt uns keine Umkehr.
Wie Menschen, sobald sie sich in einen Abgrund stürzen, keine Macht mehr über ihren Körper haben und seinen Fall weder aufhalten noch verlangsamen können, sondern jede Entscheidung und Sinnesänderung der unabänderliche Absturz verwehrt und sie auf jeden Fall da enden müssen, wo sie nicht hätten enden

Optimum est primum irritamentum irae protinus spernere ipsisque repugnare seminibus et dare operam, ne incidamus in iram. Nam si coepit ferre transversos, difficilis ad salutem recursus est, quoniam nihil rationis est, ubi semel affectus inductus est iusque illi aliquod voluntate nostra datum est: faciet de cetero, quantum volet, non quantum permiseris.

Ceteri enim affectus dilationem recipiunt et curari tardius possunt, huius incitata et se ipsa rapiens violentia non paulatim procedit, sed, dum incipit, tota est; nec aliorum more vitiorum sollicitat animos, sed abducit et impotentes sui cupidosque vel communis mali exagitat, nec in ea tantum, in quae destinavit, sed in occurrentia ob iter furit.

Cetera vitia impellunt animos, ira praecipitat. Etiam si resistere contra affectus suos non licet, at certe affectibus ipsis licet stare: haec, non secus quam fulmina procellaeque et, si qua alia irrevocabilia sunt, quia non eunt, sed cadunt, vim suam ma-

müssen, ebenso steht es der Seele, wenn sie sich dem Zorn, der Liebe und anderen Leidenschaften überlassen hat, nicht mehr frei, deren ungestümes Drängen zu hemmen. Schleunigst muß sie es erfüllen, müssen sie ihr eigener Schwung in die Tiefe reißen und die Laster, die ihre Natur dahin treibt.

Am besten ist es, die erste Regung des Zorns gleich zu unterdrücken, sich ihm schon beim Aufkeimen zu widersetzen und darauf bedacht zu sein, nicht in Wut zu geraten. Denn wenn er uns erst einmal aus der Bahn geworfen hat, ist der rettende Rückweg schwierig, weil keine Vernunft mehr ist, wo einmal die Leidenschaft Zugang fand und wir ihr willig irgendein Recht eingeräumt haben. Sie wird fortan soviel in Gang setzen, wie sie will, nicht, wieviel wir ihr gestatten. *(Der Zorn I 7f.)*

Bei den sonstigen Affekten kann man sich Zeit lassen; sie erlauben eine recht bedächtige Behandlung. Der Zorn mit seinem hitzigen Ungestüm, in das er sich selbst hineinsteigert, entwickelt sich nicht nach und nach, sondern ist gleich zu Beginn voll da und stört nicht nur, wie die anderen Fehlhaltungen, das seelische Gleichgewicht, sondern reißt mit sich fort, läßt alle Selbstbeherrschung vergessen, weckt das leidenschaftliche Verlangen, alles zu vernichten, und geht in seiner Raserei nicht bloß auf ein bestimmtes Ziel los, sondern auf alles, was sich ihm in den Weg stellt.

Die übrigen Charakterschwächen trüben den klaren Verstand, der Zorn schaltet ihn aus. Und selbst wenn man seinen Affekten nicht Einhalt gebieten kann, können doch die Affekte selbst zur Ruhe kommen. Der Zorn aber, gleich Blitzen und

gis ac magis tendit. Alia vitia a ratione, hoc a sanitate desciscit; alia accessus lenes habent et incrementa fallentia: in iram deiectus animorum est. Nulla itaque res urget magis attonita et in vires suas prona et, sive successit, superba, sive frustratur, insana; ne repulsa quidem in taedium acta, ubi adversarium fortuna subduxit, in se ipsa morsus suos vertit. Nec refert, quantum sit, ex quo surrexerit; ex levissimis enim in maxima evadit.

Et in totum inaequalis est: modo ultra, quam oportet, excurrit, modo citerius debito resistit; sibi enim indulget et ex libidine iudicat et audire non vult et patrocinio non relinquit locum et ea tenet, quae invasit, et eripi sibi iudicium suum, etiam si pravum est, non sinit.

Ratio utrique parti tempus dat; deinde advocationem et sibi petit, ut excutiendae veritati spatium habeat: ira festinat. Ratio id iudicare vult, quod aequum est: ira id aequum videri vult, quod iudicavit. Ratio nihil praeter ipsum, de quo agitur, spectat: ira vanis et extra causam obversantibus commovetur.

Stürmen und allem was sonst unbeeinflußbar ist, weil es sich nicht entwickelt, sondern hereinbricht, steigert seine Gewalt immer mehr. Andere Laster sind unvernünftig, dieses ist krankhaft; andere schleichen sich nur langsam ein und nehmen unmerklich zu; dem Zorn verfällt man plötzlich. Nichts ist zwanghafter: unbesonnen, zur Gewaltanwendung bereit, im Erfolg überheblich, bei Enttäuschung wütend. Nicht einmal durch einen Fehlschlag zum Aufgeben bewegt, schnappt der Zorn, sobald ihm ein Zufall seinen Widerpart entzogen hat, nach sich selber. Es spielt auch keine Rolle, wie gewichtig der Anlaß ist, aus dem er sich entwickelt; aus Geringfügigstem steigert er sich ins Ungeheure. *(Der Zorn III 1)*

Erregung macht blind

Der Zorn ist, aufs ganze gesehen, unausgeglichen: Bald überschreitet er das gebotene Maß, bald bleibt er hinter dem zurück, was nötig wäre; er überläßt sich nämlich sich selber und urteilt nach Belieben und will nicht hören und gibt der Verteidigung nicht Raum und hält das fest, was er an sich gerissen hat, und läßt nicht zu, daß sein Urteil aufgehoben wird, auch wenn es verfehlt ist.

Die Vernunft widmet beiden Parteien ihre Zeit. Dann holt sie auch sich selbst sachkundigen Rat, um in Ruhe die Wahrheit herauszufinden. Der Zorn übereilt sich. Die Vernunft will ein gerechtes Urteil fällen. Der Zorn will, daß sein Urteil als gerecht erscheint. Die Vernunft sieht nur auf das, worum es geht. Der Zorn erregt sich über Unwesentliches und dem Fall Fernliegendes. *(Der Zorn I 17f.)*

«Quibusdam», ut ait Sextius, «iratis profuit aspexisse speculum: perturbavit illos tanta mutatio sui, velut in rem praesentem adducti non agnoverunt se. Et quantulum ex vera deformitate imago illa speculo repercussa reddebat! Animus si ostendi et si in ulla materia perlucere posset, intuentis nos confunderet ater maculosusque et aestuans et distortus et tumidus.

Non est, quod patrocinium nobis quaeramus et excusatam licentiam dicentes aut utile id esse aut inevitabile; cui enim tandem vitio advocatus defuit? Non est, quod dicas excidi non posse: sanabilibus aegrotamus malis ipsaque nos in rectum genitos natura, si emendari velimus, iuvat. Nec, ut quibusdam visum est, arduum in virtutes et asperum iter est: plano adeuntur.

«At enim ira habet aliquam voluptatem et dulce est dolorem reddere.» Minime: non enim ut in beneficiis honestum est

Blick in den Spiegel

«Manchmal war», wie mein Freund Sextius meint, «für Zornige ein Blick in den Spiegel von Nutzen. Betroffen machte sie die gewaltige Veränderung, die mit ihnen vorgegangen war, und wie bei einer Gegenüberstellung erkannten sie sich nicht wieder.» Und wie wenig von der tatsächlichen Verunstaltung konnte jenes Spiegelbild zeigen! Die Seele, wenn sie sich zeigen und wenn sie in irgendeinem Stoff sichtbar werden könnte, würde uns einen erschütternden Anblick bieten, schwarz und fleckig und aufschäumend und verwachsen und geschwollen!

(Der Zorn II 36)

Keine Ausreden, bitte!

Wir brauchen uns keinen Verteidiger zu suchen und keine Rechtfertigung unserer Haltlosigkeit, indem wir sagen, sie sei nützlich oder unvermeidbar – welchem Laster hat es je an einem Fürsprecher gefehlt? Du hast auch keinen Grund zu der Behauptung, man könne es nicht ausmerzen. Wir leiden an heilbaren Krankheiten, und da wir zum Guten geboren sind, hilft uns die Natur selbst, wenn wir uns nur bessern wollen. Und keineswegs ist, wie es manchen schien, der Aufstieg zur Vollkommenheit steil und rauh. Man erreicht sie auf ebener Straße.

(Der Zorn II 13)

Ist Rache süß?

«Aber der Zorn bringt doch auch eine gewisse Lust mit sich, und süß ist es, Leid heimzuzahlen.» Mitnichten. Denn es

merita meritis repensare, ita iniurias iniuriis. Illic vinci turpe
est, hic vincere. Inhumanum verbum est et quidem pro iusto re-
ceptum ultio. Et talio non multum differt iniuriae nisi ordine: qui
dolorem regerit, tantum excusatius peccat.

Hic, si umquam respirare illi et recedere in se vacaverit, o
quam sibi ipse verum tortus a se fatebitur ac dicet: «Quicquid
feci adhuc, infectum esse mallem, quicquid dixi, cum recogito,
mutis invideo, quicquid optavi, inimicorum exsecrationem
puto, quicquid timui, di boni, quanto levius fuit, quam quod
concupii! Cum multis inimicitias gessi et in gratiam ex odio (si
modo ulla inter malos gratia est) redii: mihi ipsi nondum amicus
sum. Omnem operam dedi, ut me multitudini educerem et aliqua
dote notabilem facerem: quid aliud quam telis me opposui et ma-
levolentiae, quod morderet, ostendi?

ist nicht so wie bei Freundschaftsdiensten: Zwar bringt es Ehre, wenn man Wohltat mit Wohltat, nicht aber, wenn man Unrecht mit Unrecht vergilt. Dort wäre es schändlich, sich übertreffen zu lassen, hier, seinen Willen durchzusetzen. Unmenschlich klingt, auch wenn man es rechtfertigen kann, das Wort Rache. Und Vergeltung unterscheidet sich nicht sehr von einer Gewalttat, nur in der Abfolge: Wer eine Kränkung heimzahlt, kann lediglich mit mehr Verständnis für sein Fehlverhalten rechnen.

(Der Zorn II 32)

Selbstkritik

Wenn unser Geist je die Möglichkeit zur Entspannung und zum Rückzug auf sich selbst erhält, wie wird er sich dann gründlich prüfen, die Wahrheit eingestehen und sagen: «Alles, was ich bisher tat, hätte ich lieber nicht getan. Wenn ich all mein Reden bedenke, dann beneide ich die Stummen. All meine Wünsche kommen mir wie Verwünschungen meiner Feinde vor. Alles, was ich fürchtete, ihr guten Götter, um wieviel harmloser war es als was ich begehrte! Mit vielen war ich verfeindet und habe nach dem Zerwürfnis mit ihnen wieder Freundschaft geschlossen – sofern es unter Schlechten so etwas wie Freundschaft geben kann. Mir selbst bin ich noch kein Freund. Ich habe mir alle Mühe gegeben, mich über die Masse zu erheben und durch irgendein Talent aufzufallen – doch damit habe ich mich nur zur Zielscheibe gemacht und dem Neid gezeigt, wo er mich verwunden kann.»

(Das glückliche Leben 2)

Angustus animus est, quem terrena delectant; ad illa abducendus est, quae ubique aeque apparent, ubique aeque splendent. Et hoc cogitandum est ista veris bonis per falsa et prave credita obstare. Quo longiores porticus expedierint, quo altius turres sustulerint, quo latius vicos porrexerint, quo depressius aestivos specus foderint, quo maiore mole fastigia cenationum subduxerint, hoc plus erit, quod illis caelum abscondat.

In qua (sc. *in paupertate*) nihil mali esse, quisquis modo nondum pervenit in insaniam omnia subvertentis avaritiae atque luxuriae, intellegit. Quantulum enim est, quod in tutelam hominis necessarium sit! Et cui deesse hoc potest ullam modo virtutem habenti? Quod ad me quidem pertinet, intellego me non opes, sed occupationes perdidisse. Corporis exigua desideria sunt: frigus summoveri vult, alimentis famem ac sitim exstingui; quicquid extra concupiscitur vitiis, non usibus laboratur. Non est necesse omne perscrutari profundum nec strage animalium ventrem onerare nec conchylia ultimi maris ex ignoto litore eruere.

Vermeidbare Fesseln

Blick nach oben

Arm ist der Geist, den Irdisches erfreut; dem sollte man ihn zuwenden, was sich überall gleichermaßen zeigt, was überall gleichermaßen leuchtet. Auch gilt es zu bedenken, daß so Unwichtiges infolge von Irrtümern und Fehleinschätzungen den Blick auf die wahren Güter versperrt. Je längere Säulengänge manche Leute anlegen, je höher sie ihre Paläste bauen, je weiter sie ihre Gutshöfe ausdehnen, je tiefer sie ihre Sommerkeller ausschachten, mit je größerem Aufwand sie die Giebel ihrer Speisesäle hochziehen, desto mehr ist da, was ihnen den Himmel verbirgt. *(Trostschrift für Mutter Helvia 9)*

Lerne verzichten!

Daß daran nichts Schlimmes ist, sieht jeder ein, wenn er nur noch nicht dem Wahnsinn einer alles verderbenden Habgier und Verschwendungssucht verfallen ist. Wie wenig ist es doch, was zur Erhaltung eines Menschen nötig ist! Und wem kann das fehlen, wenn er auch nur eine gute Eigenschaft hat? Was jedenfalls mich angeht, so merke ich, daß ich nicht Besitz eingebüßt habe, sondern Behinderungen. Der Leib stellt nur geringe Ansprüche: Er will, daß Kälte ferngehalten, daß durch Essen und Trinken Hunger und Durst gestillt wird. Alles, was man sonst gern haben möchte, darum plagt man sich aus Lasterhaftig-

Undique convehunt omnia nota fastidienti gulae; quod dissolutus deliciis stomachus vix admittat, ab ultimo portatur Oceano. Vomunt, ut edant, edunt, ut vomant, et epulas, quas toto orbe conquirunt, nec concoquere dignantur.

O miserabiles, quorum palatum nisi ad pretiosos cibos non excitatur! Pretiosos autem non eximius sapor aut aliqua faucium dulcedo, sed raritas et difficultas parandi facit. Alioqui, si ad sanam illis mentem placeat reverti, quid opus est tot artibus ventri servientibus? Quid mercaturis? Quid vastatione silvarum? Quid profundi perscrutatione? Passim iacent alimenta, quae rerum natura omnibus locis disposuit, sed haec velut caeci transeunt et omnes regiones pervagantur, maria traiciunt et, cum famem exiguo possint sedare, magno irritant.

keit und nicht, weil man es braucht. Nicht nötig ist es, jede Meerestiefe zu durchsuchen, auch nicht, mit abgeschlachteten Lebewesen sich den Bauch zu füllen, auch nicht, die Muscheln des fernsten Meeres an unbekannter Küste auszugraben.

(Trostschrift für Mutter Helvia 10)

Die armen Reichen

Von überall lassen sie alles Bemerkenswerte für ihren verwöhnten Gaumen herbeischaffen. Was ihr von Schlemmerei erschöpfter Magen kaum noch aufnehmen kann, das wird aus weiter Ferne hergebracht, vom Weltmeer. Sie speien, um zu fressen, sie fressen, um zu speien, und die Genüsse, die sie auf der ganzen Welt zusammensuchen, geruhen sie nicht einmal zu verdauen.

O die Bedauernswerten, deren Geschmacksnerven nur bei teurer Kost gereizt werden! Teuer macht diese aber nicht ausgezeichneter Geschmack oder irgendein Gaumenkitzel, sondern ihre Seltenheit und die Schwierigkeit, sie zu beschaffen. Überhaupt, wenn jene Leute etwa wieder zur Vernunft kommen wollten, wozu braucht man soviele Gewerbe, die nur dem Bauch dienen? Wozu Fernhandel? Wozu plündert man die Wälder? Wozu durchforscht man die Tiefsee? Rings um uns liegen Nahrungsmittel bereit, die die Natur überall verteilt hat; aber daran gehen sie wie Blinde vorbei und durchwandern alle Erdteile, überqueren die Meere, und während sie ihren Hunger ganz billig stillen könnten, rufen sie ihn mit viel Aufwand erst hervor.

Libet dicere: «Quid deducitis naves? Quid manus et adversus feras et adversus homines armatis? Quid tanto tumultu discurritis? Quid opes opibus aggeritis? Non vultis cogitare, quam parva vobis corpora sint? Nonne furor et ultimus mentium error est, cum tam exiguum capias, cupere multum?

Haec accidunt divitias non ad rationem revocantibus, cuius certi fines sunt, sed ad vitiosam consuetudinem, cuius immensum et incomprehensibile arbitrium est. Cupiditati nihil satis est; naturae satis est etiam parum.

Qui continebit itaque se intra naturalem modum, paupertatem non sentiet; qui naturalem modum excedet, eum in summis quoque opibus paupertas sequetur. Necessariis rebus et exsilia sufficiunt, supervacuis nec regna. Animus est, qui divites facit.

Bona condicione geniti sumus, si eam non deseruerimus. Id egit rerum natura, ut ad bene vivendum non magno apparatu opus esset; unusquisque facere se beatum potest. Leve momentum in adventiciis rebus est et, quod in neutram partem magnas vires habeat: nec secunda sapientem evehunt nec adversa demit-

Man möchte sagen: «Was laßt ihr Schiffe auslaufen? Was wappnet ihr euch gegen wilde Tiere und gegen Menschen? Was rennt ihr in solcher Aufregung hin und her? Was häuft ihr Schätze auf Schätze? Ihr wollt nicht daran denken, was für kleine Bäuche ihr habt! Ist's denn nicht Irrsinn und höchste geistige Verblendung, obwohl man nur so wenig zu sich nehmen kann, viel zu verlangen?»

So geht es Leuten, die ihren Reichtum nicht nach der Vernunft bemessen, die feste Maßstäbe kennt, sondern nach ihrem lasterhaften Lebensstil, dessen Ansprüche grenzenlos und unstillbar sind. Der Gier ist nichts genug, doch der Natur genügt sogar – zu wenig!

Wer sich daher auf das von der Natur gesetzte Maß beschränkt, wird keine Armut empfinden. Wer das von der Natur gesetzte Maß überschreitet, dem wird auch im größten Reichtum die Armut nicht von der Seite weichen. Unserer Notdurft genügen selbst Verbannungsorte, für Überflüssiges nicht einmal Königreiche. Der Geist ist's, der reich macht.

(Trostschrift für Mutter Helvia 10 f.)

Wie leicht ist's, unbeschwert zu leben!

Unter günstigen Voraussetzungen sind wir ins Leben getreten, sofern wir diese nicht ungenutzt lassen: Die Natur hat es so eingerichtet, daß man, um gut zu leben, keinen großen Aufwand treiben muß. Ein jeder kann sich glücklich machen. Äußere Umstände haben nur geringe Bedeutung und fallen im Gu-

tunt. Laboravit enim semper, ut in se plurimum poneret, ut a se omne gaudium peteret.

Interim, dum rapiuntur et rapiunt, dum alter alterius quietem rumpit, dum mutuo miseri sunt, vita est sine fructu, sine voluptate, sine ullo profectu animi.

Quosdam, antequam in summum ambitionis eniterentur, inter prima luctantis aetas reliquit; quosdam, cum in consummationem dignitatis per mille indignitates erepsissent, misera subiit cogitatio laborasse ipsos in titulum sepulcri; quorundam ultima senectus, dum in novas spes ut iuventa disponitur, inter conatus magnos et improbos invalida defecit.

Omnium quidem occupatorum condicio misera est, eorum tamen miserrima, qui ne suis quidem laborant occupationibus, ad alienum dormiunt somnum, ad alienum ambulant

ten und im Schlechten nicht sehr ins Gewicht: Weder macht das Glück einen Weisen überheblich noch bedrückt ihn Mißgeschick. Sein Bestreben war es ja stets, am meisten auf sich selbst zu bauen und alle Freude aus sich selbst zu schöpfen.

(Trostschrift für Mutter Helvia 5)

... und wie anders geht es bei den meisten zu!

Während sie fortgerissen werden und fortreißen, während einer des anderen Ruhe stört, während sie im Wechsel unglücklich sind, bleibt ihr Leben ohne Ertrag, ohne Freude, ohne irgendeine Form von geistigem Fortschritt.

Manche mußten, ehe sie das letzte Ziel ihres Ehrgeizes erreichten, noch während sie sich auf den ersten Stufen abmühten, das Leben lassen, manchen wurde, als sie sich zu höchster Würde unter tausendfacher Entwürdigung hochgearbeitet hatten, deprimierend bewußt, daß sie sich nur für ihre Grabschrift geplagt hatten. Manche ließ ihr hohes Alter, während sie es, als wären sie noch jung, für neue Hoffnungen verplanten, bei großen und maßlosen Vorhaben kraftlos im Stich.

(Die Kürze des Lebens 20)

Fremdbestimmt

Alle Geschäftigen befinden sich in einer üblen Lage, am übelsten aber sind die dran, die sich nicht einmal mit eigenen Geschäften plagen, sondern nur, wenn ein anderer schläft, auch

gradum, amare et odisse, res omnium liberrimas, iubentur. Hi si volent scire, quam brevis ipsorum vita sit, cogitent, ex quota parte sua sit.

Numquam derunt vel felices vel miserae sollicitudinis causae; per occupationes vita trudetur; otium numquam agetur, semper optabitur.

Nulla interim numquam amplius redituri temporis ratio est: novae occupationes veteribus sustituuntur, spes spem excitat, ambitionem ambitio. Miseriarum non finis quaeritur, sed materia mutatur.

Quid, quod gaudia quoque eorum trepida sunt? Non enim solidis causis innituntur, sed eadem, qua oriuntur vanitate, turbantur. Qualia autem putas esse tempora etiam ipsorum confessione misera, cum haec quoque, quibus se attollunt et super hominem efferunt, parum sincera sint?

schlafen und nach eines anderen Tritt die Füße setzen. Sogar
Liebe und Haß, was sich am allerwenigsten erzwingen läßt, wird
ihnen anbefohlen. Sollten solche Leute wissen wollen, wie kurz
ihr eigenes Leben sei, müssen sie überlegen, zu welchem Teil es
das ihre ist.   *(Die Kürze des Lebens 20)*

Hoffen und Harren . . .

Niemals wird es im Glück oder im Unglück keinen Grund
zur Besorgnis geben. Unter Belastungen wird man durchs Leben
gestoßen, nie hat man Muße, immer wünscht man sie.

Währenddessen achtet man nicht auf die unwiderbring-
lich vergehende Zeit; neue Beanspruchungen treten an die Stelle
der alten, Hoffnung weckt Hoffnung, Ehrgeiz der Ehrgeiz. Man
sucht nicht dem Elend ein Ende zu machen, es wechseln nur
seine Gründe.   *(Die Kürze des Lebens 17)*

Die Angst der Genießer

Ja, sogar die Freuden derartiger Leute sind angsterfüllt!
Sie haben nämlich keinen festen Grund, sondern werden infolge
derselben Einbildungen, aus denen sie erwachsen, auch ge-
trübt. Wie beschaffen sind dann aber erst die Zeiten, die nach
ihrem eigenen Eingeständnis leidvoll sind, wenn schon auf die,
in denen sie sich brüsten und über Menschenmaß erheben, zu
wenig Verlaß ist?

Maxima quaeque bona sollicita sunt nec ulli fortunae minus bene quam optimae creditur.

Alia felicitate ad tuendam felicitatem opus est et pro ipsis, quae successere votis, vota facienda sunt. Omne enim, quod fortuito obvenit, instabile est quod altius surrexerit, opportunius est in occasum. Neminem porro casura delectant; miserrimam ergo necesse est, non tantum brevissimam vitam esse eorum, qui magno parant labore, quod maiore possideant. Operose assequuntur, quae volunt, anxii tenent, quae assecuti sunt.

Ipsae voluptates eorum trepidae et variis terroribus inquietae sunt subitque cum maxime exsultantis sollicita cogitatio: «Haec quam diu?»

Quaeris fortasse, quos occupatos vocem? Non est, quod me solos putes dicere, quos a basilica immissi demum canes eiciunt, quos aut in sua vides turba speciosius elidi aut in aliena contemptius, quos officia domibus suis evocant, ut alienis foribus illidant, aut hasta praetoris infami lucro et quandoque suppuraturo exercet.

Gerade die herrlichsten Gaben des Schicksals schaffen Unruhe, und keinem Glück darf man weniger fest trauen als dem allergrößten. Weitere Erfolge sind nötig, um den Erfolg zu sichern, und gerade wenn Gebete erhört wurden, muß man beten. Alles nämlich, was von ungefähr kommt, hat keinen Bestand; je höher es sich erhebt, um so näher ist es seinem Untergang. Nun freut aber niemanden, was vergehen wird; demnach müssen zwangsläufig die ein ganz beklagenswertes, nicht nur ein äußerst kurzes Leben führen, die sich mit großer Plage das verschaffen, was sie sich mit noch größerer erhalten. Mühsam erlangen sie, was sie sich wünschen; ängstlich umklammern sie, was sie erlangten.

Gerade im Genuß sind sie hektisch und wegen unterschiedlicher Ängste voll Unruhe, und auf dem Höhepunkt der Lust drängt sich ihnen die bange Frage auf: »Wie lange noch?«

(Die Kürze des Lebens 17)

Übereifer und Freizeitstreß

Vermutlich möchtest du wissen, wen ich als ‹vielbeschäftigt› bezeichne. Nun, du brauchst nicht zu glauben, daß ich nur die so nenne, die man aus dem Gerichtssaal erst hinauswerfen kann, wenn man Hunde auf sie hetzt, die entweder inmitten ihres eigenen Klientenschwarms fortgedrängt werden, was immerhin Aufsehen macht, oder im Gefolge eines anderen, was eher Schande bringt, dazu Leute, die ihre Verpflichtungen aus dem Haus treiben, damit sie an fremde Türen klopfen, und solche, die eine vom Prätor anberaumte Auktion in Atem hält, aus

Quorundam otium occupatum est: in villa aut in lecto suo, in media solitudine, quamvis ab omnibus recesserint, sibi ipsi molesti sunt: quorum non otiosa vita dicenda est, sed desidiosa occupatio.

Persequi singulos longum est, quorum aut latrunculi aut pila aut excoquendi in sole corporis cura consumpsere vitam.

Non sunt otiosi, quorum voluptates multum negotii habent.

Idem plerisque animus est; diutius cupiditas illis laboris quam facultas est; cum imbecillitate corporis pugnant, senectutem ipsam nullo alio nomine gravem iudicant, quam quod illos seponit. Lex a quinquagesimo anno militem non legit, a sexagesimo senatorem non citat: difficilius homines a se otium impetrant quam a lege.

schnöder Profitgier, die sie eines Tages zerfrißt – nein: Bei manchen Leuten ist auch die Freizeit von Geschäftigkeit erfüllt. Auf ihrem Landgut oder gar im Bett, in tiefster Einsamkeit, lassen sie, obwohl sie sich von allem zurückgezogen haben, sich selbst keine Ruhe. Ihr Leben kann man nicht ‹müßig› nennen, sondern nur ‹müßige Betriebsamkeit›.   *(Die Kürze des Lebens 12)*

Die einzeln aufzuzählen ginge zu weit, denen entweder der Spieltisch oder der Sportplatz oder das Bedürfnis, in der Sonne zu schmoren, das Leben unnütz verrinnen ließen!

Auch die leben nicht in Muße, deren Vergnügen viel Unmuße mit sich bringt.   *(Die Kürze des Lebens 13)*

Macht's etwa solchen Spaß, im Streß zu sterben?

Dieselbe Einstellung findet man bei den meisten. Länger haben sie Verlangen nach Arbeit als die Befähigung dazu. Sie kämpfen gegen ihre physische Schwäche an und halten das Alter nur aus dem einen Grund für beschwerlich, weil es sie in Pension schickt. Nach dem Gesetz wird man vom fünfzigsten Lebensjahr an nicht mehr zum Militär eingezogen, ab dem sechzigsten nicht mehr in den Senat berufen. Schwerer erwirken die Menschen von sich selbst den Ruhestand als vom Gesetz.

(Die Kürze des Lebens 20)

Non est itaque, quod quemquam propter canos aut rugas putes diu vixisse: non ille diu vixit, sed diu fuit. Quid enim, si illum multum putes navigasse, quem saeva tempestas a portu exceptum huc et illuc tulit ac vicibus ventorum ex diverso furentium per eadem spatia in orbem egit? Non ille multum navigavit, sed multum iactatus est.

Denique vis scire, quam non diu vivant? Vide, quam cupiant diu vivere. Decrepiti senes paucorum annorum accessionem votis mendicant: minores natu se ipsos esse fingunt; mendacio sibi blandiuntur et tam libenter se fallunt, quam si una fata decipiant.

Iam vero, cum illos aliqua imbecillitas mortalitatis admonuit, quemadmodum paventes moriuntur, non tamquam exeant de vita, sed tamquam extrahantur. Stultos se fuisse, ut non vixerint, clamitant et, si modo evaserint ex illa valetudine, in otio victuros; tunc, quam frustra paraverint, quibus non fruerentur, quam in cassum omnis ceciderit labor, cogitant.

Langes Dasein

Du hast also keinen Grund, von jemand wegen seiner grauen Haare oder Runzeln anzunehmen, er habe lange gelebt. Nicht lange gelebt hat er, sondern er war lange vorhanden. Das wäre so, als ob du von jemandem glaubtest, er habe eine lange Seereise unternommen, den ein wütender Sturm gleich nach der Ausfahrt aus dem Hafen erfaßte, da- und dorthin verschlug und im Wechselspiel der Winde, die sich von verschiedenen Seiten auf ihn stürzten, stets auf derselben Bahn im Kreise jagte. Der Mann ist nicht viel gefahren, sondern viel herumgetrieben worden.

(Die Kürze des Lebens 8)

... erst wenn es zu spät ist

Schließlich möchtest du wissen, wie wenig lang Beschäftigte nur leben? Schau, wie sie sich sehnen, lang zu leben! Tattergreise bitten und betteln um eine Zulage weniger Jahre. Sie tun, als wären sie jünger, sie lügen sich in die eigene Tasche und machen sich so gern etwas vor, als wenn sie gleichzeitig das Schicksal austricksen könnten.

Dann aber, wenn sie irgendein Schwächeanfall an ihre Vergänglichkeit erinnert, wie angstvoll sterben sie da, als ob sie nicht aus dem Leben schieden, sondern herausgerissen würden. Dumm seien sie gewesen, daß sie nicht gelebt hätten, jammern sie, und falls sie diese Krankheit überstünden, würden sie in Muße leben. Dann denken sie daran, wie sie umsonst herangeschafft hätten, was sie nicht mehr genießen könnten, wie ihre ganze Mühe vergebens gewesen sei.

(Die Kürze des Lebens 11)

At quibus vita procul ab omni negotio agitur, quidni spatiosa sit? Nihil ex illa delegatur, nihil alio atque alio spargitur, nihil inde fortunae traditur, nihil neglegentia interit, nihil largitione detrahitur, nihil supervacuum est: tota, ut ita dicam, in reditu est. Quantulacumque itaque abunde sufficit et ideo, quandoque ultimus dies venerit, non cunctabitur sapiens ire ad mortem certo gradu.

Ergo secundum naturam vivo, si totum me illi dedi, si illius admirator cultorque sum. Natura autem utrumque facere me voluit, et agere et contemplationi vacare: utrumque facio, quoniam ne contemplatio quidem sine actione est.

«Sed refert», inquis, «an ad illam voluptatis causa accesseris nihil aliud ex illa petens quam assiduam contemplationem sine exitu: est enim dulcis et habet illecebras suas.» Adversus hoc tibi respondeo: aeque refert, quo animo civilem agas vitam, an semper inquietus sis nec tibi umquam sumas ullum tempus, quo ab humanis ad divina respicias. Quomodo res appetere sine

Erfülltes Leben

Doch jenen, die ihr Leben fern von jeder Obliegenheit verbringen, wie sollte es denen nicht lang sein? Nichts davon wird anderen überlassen, nichts da- und dorthin verschleudert, nichts davon dem Schicksal ausgeliefert, nichts geht durch Gedankenlosigkeit verloren, nichts wird großzügig verschenkt, nichts ist überflüssig. Als Ganzes, wenn ich so sagen darf, steht es auf der Habenseite. Mag es auch noch so kurz sein, es ist genug und übergenug, und deshalb wird der Weise, wann immer der letzte Tag da ist, ohne Zögern dem Tod mit festem Schritt entgegengehen. *(Die Kürze des Lebens 11)*

Ich lebe der Natur gemäß, wenn ich mich ihr ganz widme, wenn ich ihr Bewunderer und Verehrer bin. Die Natur wollte ja, daß ich beides tue: daß ich tätig bin und mir Muße für die Betrachtung gönne. Ich aber tue beides, denn selbst die reine Betrachtung ist nicht gleichzusetzen mit Untätigkeit.

Es macht aber, so meinst du, viel aus, ob man sich ihr nur widmet, um dabei einen Lustgewinn zu erzielen, und nichts anderes im Sinn hat als ständige Betrachtung ohne Ende. Dergleichen ist ja verlockend und hat seinen Reiz. – Dagegen erwidere ich dir: Es macht gleichermaßen viel aus, in welcher Einstellung man sein Leben als Staatsbürger verbringt, ob man stets gehetzt

ullo virtutum amore et sine cultu ingenii ac nudas edere operas minime probabile est (misceri enim ista inter se et conseri debent), sic imperfectum ac languidum bonum est in otium sine actu proiecta virtus numquam id, quod didicit, ostendens. Quis negat illam debere profectus suos in opere tentare nec tantum, quid faciendum sit, cogitare, sed etiam aliquando manum exercere et ea, quae meditata sunt, ad verum perducere?

Beata est ergo vita conveniens naturae suae, quae non aliter contingere potest quam, si primum sana mens est et in perpetua possessione sanitatis suae, deinde fortis ac vehemens, tunc pulcherrime patiens, apta temporibus, corporis sui pertinentiumque ad id curiosa non anxie, tum aliarum rerum, quae vitam instruunt, diligens sine admiratione cuiusquam, usura fortunae muneribus, non servitura.

Intellegis, etiam si non adiciam, sequi perpetuam tranquillitatem libertatem depulsis iis, quae aut irritant nos aut territant; nam voluptatibus et pro illis, quae parva ac fragilia sunt et ipsis flagitiis noxia, ingens gaudium subit inconcussum et aequale, tum pax et concordia animi et magnitudo cum mansuetudine; omnis enim ex infirmitate feritas est.

ist und sich nie Zeit nimmt, den Blick vom Irdischen zum Göttlichen zu erheben. Besitzstreben ohne Verlangen nach höheren Werten und ohne Pflege des Geistigen sowie bloßer Tätigkeitsdrang sind ganz und gar nicht zu billigen (beides muß sich nämlich verbinden und durchdringen); andererseits ist es aber ein unvollkommenes und fragwürdiges Glück, wenn sich Tüchtigkeit träger Muße hingibt und nie zeigt, was sie gelernt hat. Wer will bestreiten, daß sie ihre Fortschritte im Handeln erproben und nicht nur darüber nachdenken sollte, was zu tun sei, sondern gelegentlich auch Hand anlegen und das Überdachte verwirklichen muß? *(Die Zurückgezogenheit 5 f.)*

Glücklich ist ein Leben, das seiner natürlichen Bestimmung entspricht. Das kann uns aber nur zuteil werden, wenn zuerst der Geist gesund und sich dieser Gesundheit auf Dauer sicher, wenn er ferner tapfer und dynamisch, sodann in edelster Weise leidensfähig und mißlichen Umständen gewachsen ist, wenn er sich um den Leib und was damit zu tun hat, sorgt, doch nicht angstvoll, und wenn er die anderen Dinge, die das Leben angenehm machen, zu schätzen weiß, ohne doch sein Herz an etwas davon zu hängen, und wenn er bereit ist, die Gaben des Glücks zu genießen, ohne ihnen zu frönen.

Du siehst ein, auch wenn ich dich nicht darauf hinweise, daß beständiger Seelenfrieden auf solche Freiheit folgt, sobald wir uns dessen entledigt haben, was uns lockt oder schreckt. Denn statt jenen Lustgefühlen, die nichtig und flüchtig sind und gerade durch ihre Verwerflichkeit schaden, stellt sich eine ungeheure stille Freude ein, die völlig unerschütterlich ist, dazu Gemütsruhe, innere Ausgeglichenheit und Seelengröße zusam-

Incorruptus vir sit externis et insuperabilis miratorque tantum sui, fidens animo atque in utrumque paratus, artifex vitae; fiducia eius non sine scientia sit, scientia non sine constantia: maneant illi semel placita nec ulla in decretis eius litura sit. Intellegitur, etiam si non adiecero, compositum ordinatumque fore talem virum et in iis, quae aget, cum comitate magnificum.

Hoc modo una efficietur vis ac potestas concors sibi et ratio illa certa nascetur non dissidens nec haesitans in opinionibus comprensionibusque nec in persuasione, quae, cum se disposuit et partibus suis consensit et, ut ita dicam, concinuit, summum bonum tetigit. Nihil enim pravi, nihil lubrici superest, nihil, in quo arietet aut labet; omnia faciet ex imperio suo nihilque inopinatum accidet, sed, quicquid agetur, in bonum exibit facile et parate et sine tergiversatione agentis; nam pigritia et haesitatio pugnam et inconstantiam ostendit. Quare audaciter licet profitearis summum bonum esse animi concordiam.

men mit Sanftmut. Nur der Schwäche entstammt nämlich jede
Gewalttätigkeit. *(Das glückliche Leben 3)*

Sieh nur auf dich!

Nicht verführen lasse sich ein Mann von Äußerlichem
und nicht bezwingen; er sehe nur auf sich selbst, vertraue auf
sich und sei auf beides, auf Gutes und Schlechtes, vorbereitet –
kurz, er soll sein Leben meistern; sein Selbstvertrauen sei nicht
ohne Einsicht, seine Einsicht nicht ohne Beständigkeit. Von
Dauer sei, wofür er sich einmal entschied, und bei seinen Entscheidungen darf es keine Retuschen geben. Es versteht sich,
auch wenn ich es nicht noch hinzufüge, daß ein solcher Mann mit
sich völlig im reinen ist und in allem, was er tut, zugleich freund-
lich und großmütig.

Auf diese Weise entsteht eine starke einheitliche Kraft,
und jene verläßliche Denkweise entwickelt sich, die sich nicht
in Zweifel zieht und nicht in Vermutungen und Annahmen ver-
heddert, auch nicht im Vorurteil. Wenn diese erst Gestalt ge-
wonnen, in ihren Teilbereichen Übereinstimmung erzielt und,
wenn ich so sagen darf, zur Harmonie gefunden hat, dann hat sie
das höchste Gut erreicht. Nichts Falsches, nichts Unberechen-
bares bleibt mehr übrig, nichts, woran sie Anstoß nehmen oder
wo sie straucheln könnte. Alles wird sie tun nach eigener Wei-
sung, und nichts Unverhofftes wird ihr begegnen. Was immer
geschieht, wird zum Guten ausschlagen, und zwar leicht und
schnell und ohne daß der handelnde Mensch unschlüssig würde;
denn Entschlußlosigkeit und Zaudern weist auf innere Konflikte

Virtutes enim ibi esse debebunt, ubi consensus atque unitas erit; dissident vitia.

Quid est homo? Quolibet quassu vas et quolibet fragile iactatu. Non tempestate magna, ut dissiperis, opus est; ubicumque arietaveris, solveris.

Quid est homo? Imbecillum corpus et fragile, nudum, suapte natura inerme, alienae opis indigens, ad omnes fortunae contumelias proiectum; cum bene lacertos exercuit, cuiuslibet ferae pabulum, cuiuslibet victima.

Ex infirmis fluidisque contextum et lineamentis exterioribus nitidum; frigoris, aestus, laboris impatiens, ipso rursus situ et otio iturum in tabem; alimenta metuens sua, quorum modo inopia deficit, modo copia rumpitur; anxiae sollicitaeque tutelae, precarii spiritus et male haerentis, quem ex improviso sonus auribus gravis excutit; periculi semper sibi nutrimentum, vitiosum et inutile.

und Inkonsequenz. Darum darf man unumwunden erklären, das höchste Gut sei die seelische Harmonie.

Gute Eigenschaften sind nämlich notwendigerweise dort daheim, wo Übereinstimmung und Einigkeit herrschen; im Widerstreit liegen die Laster. *(Das glückliche Leben 8)*

Erkenne dich selbst!

Was ist der Mensch? Bei jedem Stoß geht er, ein irdener Topf, bei jedem Schlag in Scherben. Es bedarf keines großen Sturmes, um dir den Garaus zu machen: Wo du auch anrennst, zerschellst du!

Was ist der Mensch? Ein schwaches, hinfälliges Wesen, nackt, ohne natürliche Waffen, auf fremde Hilfe angewiesen, allen Launen des Schicksals ausgeliefert. Selbst wenn er seine Muskeln gut trainiert hat, fällt er jedem Raubtier zum Opfer, dient jedem zum Fraß.

Aus minderwertigem, vergänglichen Stoff gefügt und nur äußerlich ganz hübsch anzusehen, vermag er Kälte, Hitze und Mühsal nicht zu ertragen; rastet er hinwiederum, so rostet er und verkommt. Seine Ernährung macht ihm Sorgen: leidet er Mangel, so geht er zugrunde, hat er zuviel, dann platzt er gar! Man muß ihn ängstlich hegen und pflegen, denn sein bißchen Leben hängt an einem seidenen Faden; schon ein unerwarteter, für seine Ohren zu lauter Knall kann es beenden. So ist er sich selber die Ursache ständiger Ängste, voller Fehler und zu nichts zu ge-

Miramur in hoc mortem, quae unius singultus opus est? Numquid enim, ut concidat, magni res molimenti est? Odor illi saporque et lassitudo et vigilia et umor et cibus et, sine quibus vivere non potest, mortifera sunt; quocumque se movit, statim infirmitatis suae conscium; non omne caelum ferens, aquarum novitatibus flatuque non familiaris aurae et tenuissimis casibus atque offensionibus morbidum; putre, causarium, fletu vitam auspicatum, cum interim quantos tumultus hoc tam contemptum animal movet, in quantas cogitationes oblitum condicionis suae venit!

Immortalia, aeterna volutat animo et in nepotes pronepotesque disponit, cum interim longa conantem eum mors opprimit: et hoc, quod senectus vocatur, paucissimorum est circuitus annorum.

Sua quemque credulitas decipit et in iis, quae diligit, voluntaria mortalitatis oblivio;

brauchen. Muß man sich bei diesem Wesen wundern, wenn es stirbt, da ihm schon ein Schluckauf den Tod bringt? Kostet es denn besondere Mühe, es zu erledigen? Schon was es riecht, was es schmeckt, dazu Erschöpfung und Schlaflosigkeit sowie Speise und Trank und alles, ohne das es nicht leben kann, vermögen es zu töten!

Überall, wohin es sich wendet, wird es sich sogleich seiner Schwäche bewußt, verträgt nicht jedes Klima, wird infolge ungewohnten Wassers oder beim Wehen eines fremden Windes, bei den geringfügigsten Anlässen und Unannehmlichkeiten krank und matt und siech.

Mit Weinen hat es sein Leben begonnen, und doch – was für Wirbel macht dieses verächtliche Wesen, zu welchen Gedanken versteigt es sich, ohne an seine wirkliche Lage zu denken!

Unsterbliches, Ewiges bewegt es im Herzen und plant für Enkel und Urenkel, während es bei langwierigen Projekten der Tod überrascht. Sogar das, was man als hohes Alter bezeichnet, umfaßt nur ganz wenige Jahre. *(Trostschrift für Marcia 11)*

Illusionen

Eigene Leichtgläubigkeit täuscht einen jeden und das Bestreben, bei dem, was man liebt, nicht an dessen Vergänglichkeit zu denken.

Natura nulli se necessitatis suae gratiam facturam esse testata est. Cotidie praeter oculos nostros transeunt notorum ignotorumque funera: nos tamen aliud agimus et subitum id putamus esse, quod nobis tota vita denuntiatur futurum. Non est itaque ista fatorum iniquitas, sed mentis humanae pravitas insatiabilis rerum omnium, quae indignatur inde excidere, quo admissa est precario.

Quisquis ad vitam editur, ad mortem destinatur.

Gaudeamus eo, quod dabitur, reddamusque id, cum reposcemur.

Alium alio tempore fata comprehendent; neminem praeteribunt: in procintu stet animus et id, quod necesse est, numquam timeat, quod incertum est, semper exspectet.

Clamat ecce maximus vates et velut divino horrore instinctus salutare carmen canit:

Die Natur hat stets bekundet, daß sie niemandem das Unvermeidliche erlassen werde. Täglich ziehen vor unseren Augen Leichenbegängnisse Bekannter und Unbekannter vorüber. Trotzdem achten wir nicht darauf und halten das für etwas Überraschendes, was uns während des ganzen Lebens als künftig angekündigt wird. Es geht also dabei nicht um eine Ungerechtigkeit des Schicksals, sondern um eine Schwäche des Menschenherzens, das in allem unersättlich ist, das sich entrüstet, wenn es das verliert, was ihm auf Widerruf gewährt worden war.

(Trostschrift für Polybius 11)

Gerüstet für den Ernstfall

Ein jeder, der ins Leben entlassen wird, ist dem Tod bestimmt.

Freuen wir uns also über das, was wir bekommen, und geben wir es zurück, wenn es uns abverlangt wird!

Jeden ereilt sein Geschick zu einer anderen Zeit, niemanden läßt es aus. Für den Ernstfall sei das Herz gerüstet; es fürchte nie, was unvermeidlich, und sei stets auf das gefaßt, was ungewiß ist.

(Trostschrift für Polybius 11)

Worte des Heils

Siehe, laut erhebt der größte Dichter seine Stimme und, wie von göttlichem Schauer erfaßt, verkündet er Worte des Heils:

Optima quaeque dies miseris mortalibus aevi
Prima fugit.

«Quid cunctaris?» inquit, «Quid cessas? Nisi occupas,
fugit.» Et cum occupaveris, tamen fugiet: itaque cum celeritate
temporis utendi velocitate certandum est et velut ex torrenti ra-
pido nec semper ituro cito hauriendum.

Hoc quoque pulcherrime ad exprobrandam infinitam
cogitationem, quod non optimam quamque aetatem, sed diem
dicit. Quid securus et in tanta temporum fuga lentus menses
tibi et annos in longam seriem, utcumque aviditati tuae visum
est, exporrigis? De die tecum loquitur et de hoc ipso fugiente.
Num dubium est ergo, quin prima quaeque optima dies fugiat
mortalibus miseris, id est occupatis? Quorum puerilis adhuc
animos senectus opprimit, ad quam imparati inermesque
perveniunt; nihil enim provisum est: subito in illam necopinan-
tes inciderunt, accedere eam cotidie non sentiebant.

Stets die schönsten Tage im Leben entfliehen den armen Sterblichen zuerst.

«Warum zauderst du?» fragt er, «warum tust du nichts? Wenn du sie nicht festhältst, entfliehen sie!» Doch auch wenn du sie festhältst, werden sie trotzdem entfliehen. Daher muß man gegen den schnellen Lauf der Zeit durch raschen Gebrauch ankämpfen und wie aus einem reißenden Gießbach, der nicht ständig fließen wird, geschwind trinken.

Auch das paßt herrlich, um endloses Plänemachen anzuprangern, wenn der Dichter nicht von der schönsten Lebenszeit, sondern vom schönsten Tag spricht. Was läßt du sorglos und, obschon die Zeit so rasch enteilt, gemächlich die Monate und Jahre in langer Reihe vor dir ausschwärmen, wie immer es dir in deiner Begehrlichkeit gut dünkt? Von einem Tag spricht mit dir der Dichter, und zwar von einem, der entflieht. Ist es etwa zu bezweifeln, daß stets die schönsten Tage den Sterblichen entfliehen, den armen – das heißt, den Vielbeschäftigten, deren noch kindliche Gemüter das Alter überrascht, in das sie unvorbereitet und ungerüstet gelangen; sie haben ja dafür nicht vorgesorgt! Plötzlich und unversehens sind sie hineingeraten – daß es täglich näher kam, spürten sie nicht. *(Die Kürze des Lebens 9)*

Übersicht über die ausgewählten Stellen

Die Seitenhinweise in den Klammern beziehen sich auf die Übersetzung; der Originaltext steht jeweils auf der entsprechenden linken Seite, zum Beispiel für S. 45 auf S. 44.

Die lateinischen Texte und die zugeordneten Übersetzungen sind – mit ganz geringfügigen Veränderungen und Verbesserungen – der ebenfalls im Artemis-Verlag erschienenen Gesamtausgabe der Essays entnommen:

L. Annaeus Seneca, *Die kleinen Dialoge, Band I und II*, lateinisch–deutsch herausgegeben, übersetzt und mit einer Einführung versehen von Gerhard Fink (Sammlung Tusculum, Artemis & Winkler, München 1992)

Stichwortregister

Die Stichwörter verweisen auf die deutsche Übersetzung der ausgewählten Stellen!